HEMMER/WÜST

DIE ÜBERBLICKSKARTEIKARTEN

■ ASSESSORKARTEIKARTEN

10. AUFLAGE 2021

KLAUSURTYPISCH ■ ANWENDUNGSORIENTIERT ■ UMFASSEND

Hemmer/Wüst - Verlagsgesellschaft

Hemmer/Wüst/Beck/Röhm, Assessor Karteikarten, Strafprozessrecht im Überblick

ISBN 978-3-96838-042-1

10. Auflage 2021

gedruckt auf chlorfrei gebleichtem Papier
von Schleunungdruck GmbH, Marktheidenfeld

Im Referendariat wird besonderes Gewicht auf das Erlernen prozessrechtlicher Strukturen und Probleme gelegt. Darüber hinaus ist die Beherrschung der Formalia Grundvoraussetzung für das Bestehen jeder strafrechtlichen Klausur des Zweiten Staatsexamens. Bei der Vorbereitung auf diese prozessualen Anforderungen sollen diese Karteikarten helfen – als erster Einstieg, aber auch als Wiederholungsmöglichkeit. Vergegenwärtigen Sie sich dennoch: Auch im Strafrecht wird im Zweiten Examen ein Großteil der Punkte im materiellen Recht vergeben!

Wie bereitet man sich am effektivsten auf den strafrechtlichen Teil des Zweiten Staatsexamens vor?

1. Sicherheit in den Formalia
2. Wiederholung des materiellen Rechts
3. Verknüpfung von materiellem Recht und prozessualen Problemen
4. Beobachtung aktueller Tendenzen in der obergerichtlichen Rechtsprechung
5. Richtige Zeiteinteilung in der Klausur

- Zu 1.: Um keine Zeit zu vergeuden, gilt es, von vorneherein konzentriert die klausurrelevanten Formalia zu lernen – nicht durch das Wälzen dicker Skripten zu unwichtigen Verfahrensfragen, sondern durch das Durcharbeiten kompakter, examensorientierter Literatur (z.B.: hemmer/wüst-Skript Strafrecht Assessorexamen). Nutzen Sie die Aufgaben, die Ihnen in der Strafstation von Ihrem Ausbilder gegeben werden, und üben Sie frühzeitig in einem Klausurenkurs das Klausurenschreiben ein. Einzelne Problemfelder sollten zum besseren Verständnis im Kommentar nachgelesen werden, den man dabei gegebenenfalls auch für das Examen präparieren kann (soweit im jeweiligen Bundesland erlaubt).
- Zu 2./3.: Materiell relevante Probleme werden – von Anfang an mit prozessualen Fragen verknüpft – im Hemmer-Klausurenkurs an Fällen trainiert. Daher ist es empfehlenswert, diese Fälle durchzuarbeiten und dort, wo beim Lernen Lücken und Schwächen im materiellen Teil erkennbar werden, gezielt das materielle Recht zu wiederholen.
- Zu 4.: Gerade strafrechtliche Klausuren des Zweiten Staatsexamens sind vielfach aktuellen Entscheidungen der Obergerichte nachgebildet. Vermeiden Sie insofern jedoch ein schablonenhaftes Auswendiglernen unzähliger Einzelfälle. Versuchen Sie vielmehr etwa anhand von Rechtsprechungsüberblicken oder den Darstellungen aktueller Entscheidungen in Ausbildungszeitschriften wie der Life&LAW ein methodisches Gespür zu entwickeln, um im Ernstfall selbständig eine überzeugende Argumentation entwerfen zu können.
- Zu 5.: Die Zeiteinteilung ist gerade im Strafrecht eine der größten Hürden im Zweiten Staatsexamen. Hier hilft wiederum nur: Möglichst viele Klausuren – unter Examensbedingungen – schreiben!

Auch im Zweiten Staatsexamen gilt: Stures Auswendiglernen ist wenig sinnvoll. Viel effektiver ist fallorientiertes Training! Das Klausurenschreiben ist daher essenziell für eine gute Leistung im 2. Staatsexamen.

Die Bearbeitung einer strafrechtlichen Klausur im Zweiten Staatsexamen unterscheidet sich erheblich vom Ersten – und stellt Referendare daher oft vor erhebliche Probleme. Die formale Einkleidung, die Zeiteinteilung und richtige Gewichtung, die Orientierung an der Rechtsprechung des BGH – all das ist ungewohnt und erfordert Übung. Dabei hat das Klausurenschreiben den besten Übungseffekt, wenn man an jeden Fall von Anfang an überlegt und strukturiert herangeht.

Wie strukturiert man eine strafrechtliche Klausur?

1. **Bearbeitervermerk zu Beginn der Klausur genau lesen**

   Um nicht an der Lösungsskizze vorbei zu schreiben, muss dem Bearbeiter von vorneherein bewusst sein, was von ihm erwartet wird.

2. **Erstes „Querlesen“ des Sachverhalts**

   Im Lichte des Bearbeitervermerks gilt es, sich einen ersten Überblick über den Sachverhalt zu verschaffen.

3. **Intensives Durchlesen des Sachverhalts, nochmaliges Lesen des Bearbeitervermerks**

   Nachdem ein Überblick gewonnen wurde, wird beim zweiten Durchlesen der Sachverhalt geordnet, die Probleme und Schwerpunkte herausgearbeitet. Sinnvoll kann es sein, sich eine Datencheckliste anzulegen und prozessuale und materielle Probleme in verschiedenen Farben zu markieren.

4. **Lösungsskizze**

   In der Lösungsskizze sind alle prozessualen und materiellen Probleme vollständig zu erfassen und zu entscheiden und am besten gleich in die Formalien der jeweiligen Aufgabenstellung einzukleiden. Dabei aber aus Zeitgründen unbedingt vermeiden, anstatt einer Lösungsskizze eine Reinschrift in Kurzform zu verfassen.

5. **Reinschrift**

   Grundsätzlich sollte circa nach zwei Stunden mit der Reinschrift begonnen werden. Dabei ist besonders viel Wert auf die Form zu legen. Übersichtliche Gliederung und Struktur, saubere Schrift, ein klarer Sprachstil – auf diese Details legen Korrektoren wert!

Ein weiterer wichtiger Punkt ist es, von Anfang an einen sparsamen und effektiven Umgang mit den Kommentaren zu trainieren. Es bleibt keine Zeit, jedes Detail nachzuschlagen, insbesondere wenn man die hilfreichen Stellen erst suchen muss. Wenn überhaupt, sind nur die wichtigsten Probleme der Klausur nachzulesen. Auch hier gilt: Übung macht den Meister!

Es gibt im Strafrecht nur eine begrenzte Zahl an möglichen Klausurtypen. Dabei wird in diesem Bereich auf anwaltliche Fragestellungen immer noch vergleichsweise wenig Wert gelegt. Zwar steigt auch hier die Häufigkeit von Anwaltschriftsätzen oder Verteidigerplädoyers – allerdings deutlich langsamer als im Zivilrecht.

Auf welche Klausurarten muss sich der Examenskandidat im Zweiten Staatsexamen einstellen?

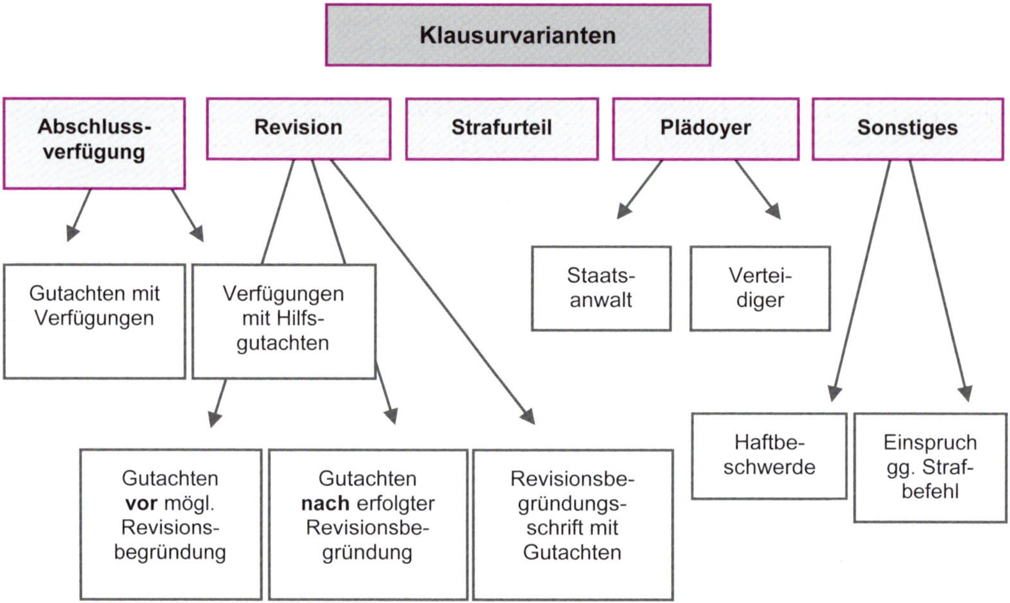
Klausurvarianten
Abschluss-verfügung
Revision
Strafurteil
Plädoyer
Sonstiges
Gutachten mit Verfügungen
Verfügungen mit Hilfs-gutachten
Staats-anwalt
Vertei-diger
Haftbe-schwerde
Einspruch gg. Straf-befehl
Gutachten vor mögl. Revisions-begründung
Gutachten nach erfolgter Revisionsbe-gründung
Revisionsbe-gründungs-schrift mit Gutachten

Zur Bearbeitung und zum Erlernen des Strafprozessrechts sollte man sich einen ersten Überblick über die gesetzlichen Regelungen schaffen – denn in der Regel haben sich Studenten bis zu diesem Zeitpunkt nicht ausführlich mit diesem Rechtsgebiet beschäftigt. Bevor man Details erlernt und diese unstrukturiert aneinanderreiht, sollte man sich einmal die Grundstruktur erarbeiten – dann behält man die Details leichter, kann diese in der Klausur mit mehr Verständnis anwenden und selbst Unbekanntes mit eigener Argumentation lösen.

Paragraphen ohne Gesetzesangabe bezeichnen innerhalb dieses Karteikartensatzes stets solche der StPO.

Was sind die gesetzlichen Grundlagen des Strafprozesses?

Die StPO folgt einem bekannten Schema – es gibt einen Allgemeinen und einen Besonderen Teil. Dabei besteht die StPO aus acht Büchern.

Das erste Buch (§§ 1-149) enthält die allgemeinen, für alle anderen Teile – subsidiär gegenüber spezielleren Regelungen – geltenden Vorschriften über Zuständigkeiten, Fristen, Zeugen, Ermittlungsmaßnahmen etc. Das zweite Buch (§§ 151-295) regelt das Verfahren im ersten Rechtszug, Bücher drei und vier behandeln die Rechtsmittel (§§ 296-358) und Wiederaufnahme (§§ 359-373a).

Das fünfte Buch (§§ 374-406l) befasst sich mit der Beteiligung des Verletzten am Verfahren. Gegenstand des sechsten Buches (§§ 407-444) sind besondere Verfahrensarten wie das Strafbefehlsverfahren. Im siebten Buch (§§ 449-473a) werden Strafvollstreckung und Kosten behandelt. Schließlich endet die StPO mit dem achten Buch (§§ 474-499), welches einige Besonderheiten normiert.

Befassen Sie sich mit den Grundlagen zu Beginn des Erlernens eines Rechtsgebiets – das erleichtert das Verständnis!

Befassen Sie sich außerdem mit dem Ablauf des Strafverfahrens, denn innerhalb dieses Verfahrens sind alle möglichen Klausurvarianten angesiedelt, und wenn man sich des Ablaufs bewusst ist und sich auch immer klar macht, in welchem Verfahrensabschnitt man sich befindet, ist die Klausurlösung erheblich erleichtert.

Wie läuft das Strafverfahren in der ersten Instanz ab?

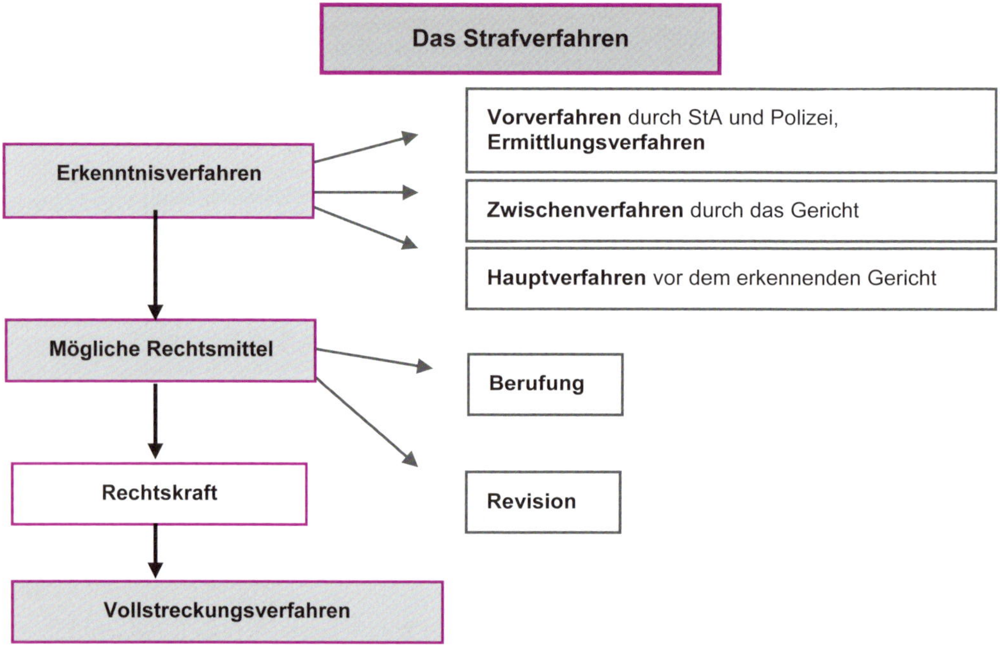
Das Strafverfahren
Erkenntnisverfahren
Vorverfahren durch StA und Polizei, Ermittlungsverfahren
Zwischenverfahren durch das Gericht
Hauptverfahren vor dem erkennenden Gericht
Mögliche Rechtsmittel
Berufung
Revision
Rechtskraft
Vollstreckungsverfahren

Das Strafprozessrecht basiert auf einigen grundlegenden Prinzipien. Diese sog. Maximen des Strafverfahrens haben sich zum Teil im Laufe der Zeit entwickelt, zum Teil resultieren sie unmittelbar aus der Verfassung. Sie gelten entweder für das ganze Verfahren, nur für das Vorverfahren oder nur für das Hauptverfahren. Sie sind größtenteils in der StPO selbst normiert.

Die Maximen des Strafverfahrens dienen als „roter Faden“, der sich durch das ganze Strafverfahren zieht. Da sie allgemeine Wertungen ausdrücken, eignen sie sich für viele strafprozessuale Probleme als Argumentationsgrundlage.

Was sind die Maximen des Strafverfahrens?

Grundsätze des Strafverfahrens

Legalitätsprinzip = Pflicht der StA, bei Vorliegen eines Anfangsverdachts ein Ermittlungsverfahren einzuleiten und durchzuführen

Öffentlichkeitsgrundsatz:
Recht auf Anwesenheit

Akkusationsprinzip:
Strafverfolgung nur nach Anklage

Mündlichkeitsgrundsatz:
Verhandlung findet mündlich statt

Unmittelbarkeitsgrundsatz:
Vorrang bestimmter Beweismittel - Gericht überprüft Beweismittel

Beschleunigungsgrundsatz:
Zügige Durchführung des Verfahrens

Untersuchungsgrundsatz:
Sachverhaltsermittlung von Amts wegen

Offizialprinzip:
Strafverfahren betreibt der Staat

Nehmen Sie sich Zeit, sich mit diesen Maximen und auch ihren Ausnahmen zu beschäftigen. Denn diese können Ihnen bei unbekannten Problemen als gute Argumentationshilfen dienen. Lesen Sie nach bei hemmer/wüst, Strafprozessrecht, Rn. 9 ff. Lesen Sie außerdem folgende Prinzipien nach: In dubio pro reo, Gebot des fairen Strafverfahrens (vgl. Art. 6 I, II EMRK), Anspruch auf den gesetzlichen Richter, Art. 101 I S. 2 GG, Anspruch auf rechtliches Gehör, Art. 103 I GG.

Die Abschlussverfügung beendet das staatsanwaltliche Ermittlungsverfahren. Die Staatsanwaltschaft ermittelt bei Vorliegen eines Anfangsverdachtes in diesem Verfahren den Sachverhalt von Amts wegen (§ 160).

Dabei wird in einer Klausur meist wegen verschiedener prozessualer Taten i.S.v. § 264 I ermittelt. Für jede einzelne Tat muss die Staatsanwaltschaft nach den Ermittlungen eine Entscheidung fällen: Anklage (Übergang in das weitere Verfahren) oder Einstellung (Ende des Verfahrens). Denn jede prozessuale Tat, bezüglich welcher ermittelt wurde, muss förmlich abgeschlossen werden, § 170.

In der Regel wird in der Klausur bezüglich einiger Taten ein hinreichender Tatverdacht bestehen, so dass diese anzuklagen sind, während andere etwa wegen fehlenden hinreichenden Tatverdachts eingestellt werden müssen. Die Einstellungen werden in einer Verfügung des Staatsanwaltes vorgenommen, während die Anklageerhebung in einer gesonderten Anklageschrift erfolgt. In einem solchen Klausurtyp „Abschlussverfügung" ist also u.U. eine Verfügung, eine Anklageschrift und ein (Hilfs-)Gutachten zu erstellen.

Dabei stellt sich beim Aufbau die Frage: Wohin kommt welches Problem?

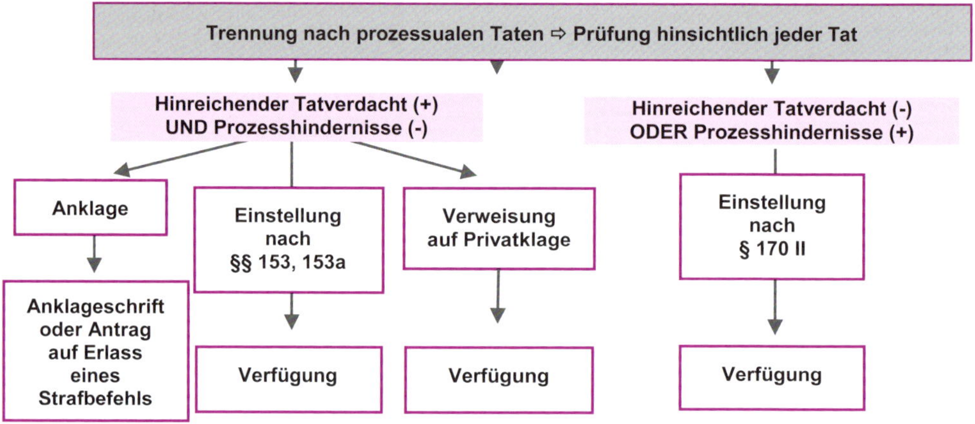

Beachten Sie: Einstellung nach §§ 154, 154a ⇨ Vermerk hinsichtlich einzelner Straftatbestände

Das bedeutet: Der Vermerk steht zwar in der Verfügung / Anklageschrift, ist aber eher eine Erläuterung der Anklage und betrifft alles, was mit den dort angeklagten Taten zusammenhängt.

Diese Graphik soll zunächst einen Überblick über die möglichen Problemfelder und ihre Verortung in der Abschlussverfügung geben. Diese Probleme werden im Weiteren vertieft dargestellt. Allerdings ist dieser Überblick wichtig, denn gerade bei der Abschlussverfügung zeigt sich, dass viele Examenskandidaten zwar ein umfangreiches Detailwissen besitzen, aber Aufbau- und Verständnisprobleme haben. Dies schlägt sich erheblich in den Klausuren nieder, denn alle Kenntnisse der Einzelprobleme nutzen nichts, wenn man nicht weiß, wo sie zu verorten sind. Außerdem nehmen Korrektoren Fehler in diesem Bereich besonders übel, weil sie von fehlendem Praxiswissen zeugen. Es gilt also, sich immer wieder mit Aufbau und Grundverständnis auseinanderzusetzen.

Gedanklich geht man beim Verfassen einer Abschlussverfügung wie folgt vor:

Schritt 1: Trennung zwischen den verschiedenen prozessualen Taten im Sachverhalt

Schritt 2: Gutachtliche Prüfung und Entscheidung über den hinreichenden Tatverdacht bezüglich jeder einzelnen prozessualen Tat

Welche zwei wichtigen Klausurtypen gibt es insoweit?

Klausurtyp 1: Gutachten mit anschließenden Verfügungen	Klausurtyp 2: Abschließenden Verfügungen mit Hilfsgutachten
1. Trennung zwischen prozessualen Taten	1. Trennung zwischen prozessualen Taten
2. Gutachtliche Prüfung des hinreichenden Tatverdachts bei jeder Tat	2. Prüfung des hinreichenden Tatverdachts bei jeder Tat
3. Ergebnis bzgl. jeder Tat feststellen	3. Ergebnis bzgl. jeder Tat feststellen
4. Nach Verortung abschließende Verfügungen verfassen	4. Nach Verortung abschließende Verfügungen und Hilfsgutachten verfassen

Machen Sie sich vor und während der Klausurbearbeitung immer wieder den Zweck der abschließenden Verfügungen bewusst. Die Abschlussverfügung beendet das Ermittlungsverfahren. Es geht also darum, den ermittelten Sachverhalt tatsächlich (Beweisbarkeit) und strafrechtlich (rechtliche Beurteilung) zu erfassen.

Die Verfügungen stellen den formellen Abschluss dieses Verfahrensabschnitts dar. Auf jede Frage, die sich während des Ermittlungsverfahrens stellt, muss bei den abschließenden Verfügungen eingegangen werden. Die Verfügung dient dem formellen Abschluss hinsichtlich nicht beweisbarer oder rechtlich nicht strafbarer Taten, indem diese eingestellt werden. Die Anklage hat den Zweck der Vorbereitung der Hauptverhandlung, indem der ermittelte Sachverhalt dem Gericht erläutert wird und dieser Sachverhalt unter rechtlichen Gesichtspunkten aufbereitet zur Grundlage der mündlichen Hauptverhandlung gemacht wird. Macht man sich diese Basis beim Lernen und beim Klausurerstellen bewusst, ist es sehr viel einfacher, ein Grundverständnis zu entwickeln und sich nicht in Detailproblemen zu verstricken.

Die Abschlussverfügung wird in der Regel in einer dieser zwei Varianten abgeprüft:

- Gutachten zur strafrechtlichen Beurteilung des Sachverhalts mit anschließender Abschlussverfügung
- Abschlussverfügung mit anschließendem Hilfsgutachten

Bei der ersten Variante kann man sich hinsichtlich des Gutachtens grob an dem für das Erste Staatsexamen Erlernten orientieren. Dennoch gibt es einige Unterschiede zu beachten.

Welche Unterschiede bestehen zwischen dem Gutachten im Ersten und im Zweiten Staatsexamen?

Gegenstand des Gutachtens:

- Einteilung nicht in Tatkomplexe, sondern in prozessuale Taten
- Prüfung des hinreichenden Tatverdachts (nicht der Strafbarkeit!) hinsichtlich jedes einzelnen Delikts durch Subsumtion des Sachverhalts unter den Straftatbestand
- Im Rahmen des Tatverdachts gegebenenfalls Erörterung von Prozessvoraussetzungen und Beweisbarkeit mit den sich dort stellenden Problemen

Schreibstil:

- Einkleidung in formelle Verfügungen
- Prüfung von Unproblematischem im Urteilsstil, der für Rechtsreferendare zum Teil ungewohnt ist und daher von Anfang an trainiert werden muss
- Bewusstere Schwerpunktsetzung als im Ersten Staatsexamen, neben der Nutzung des Urteilsstils wird Unproblematisches zum Teil ganz weggelassen

Das Ergebnis des Gutachtens wird in dieser Klausurvariante in der Abschlussverfügung umgesetzt, in einem Hilfsgutachten werden gegebenenfalls noch Straftatbestände behandelt, die im Gutachten keinen Platz haben, weil sie zu fern liegen, die man aber bei übriger Zeit – im Strafrecht allerdings unwahrscheinlich – im Hilfsgutachten mit ein, zwei Sätzen darstellen kann.

Es muss im Gutachten eine getrennte Entscheidung über jede einzelne Tat im strafprozessualen Sinn getroffen werden.

Um die Taten, hinsichtlich derer das Verfahren einzustellen ist, von denen zu trennen, wegen derer Anklage erhoben wird, muss der Sachverhalt zunächst gemäß § 264 in die verschiedenen prozessualen Taten eingeteilt werden.

Wie grenzt man den prozessualen und den materiellen Tatbegriff voneinander ab?

Definition der h.M.:

Tat im prozessualen Sinne gem. § 264 ist ein einheitlicher geschichtlicher Vorgang, also das gesamte Verhalten des Täters, soweit es nach natürlicher Auffassung einen einheitlichen Lebensvorgang darstellt (Meyer-Goßner/Schmitt [im Folgenden: „M-G/S"] § 264 Rn. 2).

Der prozessuale Tatbegriff ist zwar im Verhältnis zum materiellen Recht selbständig. Dennoch gilt grundsätzlich:

Einheitliche Handlung i.S.v. § 52 StGB ⇨ einheitliche prozessuale Tat

Handlungen i.S.v. § 53 StGB ⇨ selbständige prozessuale Taten

Von diesem Grundsatz gibt es allerdings Ausnahmen, bspw.:

- **obwohl es sich materiell um Tateinheit gem. § 52 StGB handelt, können mehrere prozessuale Taten vorliegen, wenn z.B. verschiedene Straftaten vom Täter als Mitglied einer kriminellen Vereinigung oder im Rahmen eines Dauerdelikts begangen werden.**
- **obwohl es sich um Tatmehrheit gem. § 53 StGB handelt, kann nur eine prozessuale Tat vorliegen, wenn die Trennung zu einer unnatürlichen Aufspaltung eines einheitlichen Lebenssachverhalts führen würde (so etwa bei einem Straßenverkehrsdelikt gem. § 315c oder § 316 StGB mit anschließender Unfallflucht, § 142 StGB).**

Diese Frage wird relevant, wenn eine rechtskräftige Verurteilung bereits vorliegt und dann nachträglich die Verwirklichung weiterer Tatbestände zur Kenntnis gelangt. In Betracht kommt dann ein „Strafklageverbrauch" gemäß Art. 103 III GG („ne bis in idem"-Grundsatz).

Grundsätzlich kann man in der Klausurbearbeitung also gedanklich von den ermittelten Konkurrenzen ausgehen und danach die Tat im prozessualen Sinne bestimmen. Allerdings sollte man dies so nicht formulieren, um dem Korrektor zu zeigen, dass man den Unterschied des materiellen und des prozessualen Tatbegriffs verstanden hat. Mit den Ausnahmen von diesem Grundsatz wird man mit der Zeit, insbesondere durch Klausurenschreiben und Bearbeitung von Fällen, vertraut.

Da nicht das Urteil, sondern die Abschlussverfügung zu verfassen ist, ist im Gutachten nicht die Strafbarkeit, sondern der „hinreichende Tatverdacht“ der Beteiligten zu prüfen. Denn nach Abschluss der staatsanwaltschaftlichen Ermittlungen steht noch nicht sicher fest, ob sich der Beschuldigte wirklich strafbar gemacht hat – dies soll erst im anschließenden gerichtlichen Strafverfahren festgestellt werden. In der Abschlussverfügung wird lediglich festgestellt, ob hinsichtlich der jeweiligen prozessualen Tat ein hinreichender Tatverdacht vorliegt, der eine Anklage der Tat rechtfertigt, § 170 I.

Wie ist der hinreichende Tatverdacht bezüglich eines Strafvorwurfs im Gutachten zu prüfen?

HEMMER-METHODE zu ÜK 11

1. Tatbestandsmerkmale darstellen
2. Unter jedem Tatbestandsmerkmal den ermittelten Sachverhalt subsumieren
3. Beweismittel für diesen Sachverhalt angeben – gegebenenfalls sich stellende Beweisprobleme behandeln
4. Feststellen, welcher Sachverhalt wahrscheinlich ist
5. Rechtliche Wertung des sich ergebenden Sachverhalts
6. Zwischenergebnis zum jeweiligen Delikt

Im Prinzip erfolgt der Einstieg wie beim Ersten Staatsexamen. Im jeweiligen Komplex mit dem schwersten Delikt beginnen und dann den Sachverhalt unter die Tatbestandsmerkmale des jeweiligen Delikts subsumieren. Dabei ist insbesondere auf die richtige Gewichtung zu achten. Allerdings muss im Gegensatz zum Ersten Staatsexamen der Sachverhalt erst aus dem Akteninhalt ermittelt und auch die Beweisbarkeit des Sachverhalts dargestellt werden.

Versetzen Sie sich von Anfang an in die Rolle des ermittelnden Staatsanwalts. Dieser hat einen Akteninhalt vor sich, den er zu einem rechtlich relevanten Sachverhalt zusammenfassen muss. Dabei ist seine erste Frage in der Regel: Was kann ich überhaupt beweisen? Markieren Sie sich Beweisprobleme beim Durcharbeiten des Sachverhalts in einer anderen Farbe als rechtliche Probleme. Beim Verfassen des Gutachtens stellen Sie sich dann bei Ihrer rechtlichen Subsumtion immer wieder selbst die Frage, ob der Sachverhalt, den Sie gerade rechtlich prüfen, überhaupt bewiesen werden kann. Ergibt sich dabei ein Problem, erörtern Sie dieses an der Stelle, an der es für Ihre rechtliche Beurteilung auch relevant wird.

Ergebnis zum hinreichenden Tatverdacht

Innerhalb einer prozessualen Tat können sich verschiedene Ergebnisse ergeben:

- alle angesprochenen Delikte sind verwirklicht
- keines der angesprochenen Delikte ist verwirklicht
- einige der angesprochenen Delikte sind verwirklicht

Was bedeutet das ermittelte Ergebnis für die Verortung innerhalb der abschließenden Verfügungen?

Das Ergebnis der gutachtlichen Prüfung des Tatverdachts hat Auswirkungen darauf, wie die prozessuale Tat i.R.d. § 170 behandelt wird. Dabei ist hier noch nicht auf die Möglichkeiten der Einstellung nach §§ 153 ff. einzugehen.

Die Ergebnisse sind immer innerhalb einer prozessualen Tat zu beurteilen!

- **Einstellung, § 170 II: nur wenn bezüglich keinem der möglichen Straftatbestände ein hinreichender Tatverdacht in Betracht kommt**
- **Anklage, §§ 170 I, 200: bezüglich jeden Delikts, für das ein hinreichender Tatverdacht vorliegt**

Beachten Sie dabei: Innerhalb einer prozessualen Tat ist zwischen den Delikten, bezüglich derer ein hinreichender Tatverdacht besteht, und den Delikten, bezüglich derer sich der Verdacht nicht bestätigt hat, zu trennen. Da eine Einstellung jedoch nur für eine gesamte prozessuale Tat erfolgen kann, bedeutet das nicht, dass ein Teil der Delikte einzustellen, ein Teil der Delikte anzuklagen wäre.

Allerdings können die nicht verwirklichten Delikte auch nicht in der Anklage angesprochen werden, in dieser sind nur die Delikte zu verorten, die tatsächlich angeklagt werden.

Für diesen Fall gibt es in der Verfügung den so genannten „Vermerk“. In diesem wird alles aufgenommen, was zwar die Anklage betrifft, aber wegen Irrelevanz nicht in ihr besprochen wird, das heißt insbesondere diejenigen Straftatbestände, die sich innerhalb einer prozessualen Tat nicht bestätigt haben – egal ob aufgrund fehlender Beweisbarkeit oder aufgrund der getroffenen rechtlichen Beurteilung.

Bevor man sich mit den Details der Abschlussverfügung beschäftigt, sollte man sich einmal in aller Ruhe einen Fall dazu durchlesen und dabei besonders Wert legen auf die Verfügung und die Anklageschrift, damit man einen Überblick hat, worauf es überhaupt ankommt, wenn man die Details lernt. Auch während des Lernens gilt es, sich immer wieder bewusst zu machen, an welcher Stelle man sich gerade befindet und wo das Gelernte in der Klausur zu verorten wäre.

I.R.d. Gutachtens ist auch auf die Beweisbarkeit des Sachverhalts einzugehen.

Bsp.: Tötung eines Menschen, § 212 StGB

Sachverhalt: A schießt auf B und trifft ihn tödlich ins Herz.

Beweismittel: polizeiliches Geständnis des A

Formulierungsbeispiel: A ist des Totschlags hinreichend verdächtig. Er schoss mit einer Waffe auf B, der daraufhin verstarb. Dabei kam es ihm darauf an, den B zu töten. Dieser Sachverhalt kann durch das Geständnis des A bewiesen werden. Sollte er in der Hauptverhandlung die Aussage verweigern, könnte die Aussage des A durch Vernehmung des Polizeibeamten P, vor dem er das Geständnis abgab, eingeführt werden.

Gelegentlich können sich Probleme hinsichtlich der Verwertbarkeit eines bestimmten Beweismittels ergeben – was wäre etwa, wenn A das Geständnis erst abgegeben hatte, nachdem ihn der Polizist P geschlagen hat?

Wie geht man bei der Behandlung eines Beweisverwertungsverbots vor?

1. Sorgfältige Verortung	Darstellung gerade bei dem Tatbestandsmerkmal, bei dem das fragliche Beweismittel eine Rolle spielt
2. Qualifikation des Beweismittels	Geständnis, Zeugen-, Sachverständigen-, Augenscheins- oder Urkundenbeweis
3. Beweiserhebung	Darstellung aller möglichen Fehler bei der Beweiserhebung und rechtliche Würdigung dieser Fehler
4. Rechtsfolge des Fehlers	Erörterung, ob sich aus dem tatsächlichen Verstoß gegen das Verfahrensrecht ein Beweisverwertungsverbot ergibt
5. Rechtsfolge für das Gutachten	Erörterung einer alternativen Beweisbarkeit des Sachverhalts oder der veränderten Beurteilung des Sachverhalts durch Wegfall des Beweismittels

Beweisverwertungsverbote können sich also nicht nur im Urteil oder einer Revisionsklausur, sondern schon im Ermittlungsverfahren auswirken. Die Darstellung jedes möglichen Fehlers im Ermittlungsverfahren und seiner Auswirkungen würde allerdings den Rahmen dieser Karteikarten sprengen. Insofern sei auf weiterführende Literatur zum Ermittlungsverfahren verwiesen. Eine recht gute Zusammenstellung findet sich etwa bei M-G/S, Einl. Rn. 50 ff., 55 ff. Auch durch das Bearbeiten verschiedener Fälle gewinnt man mit der Zeit einen Überblick, welche Verfahrensfehler relevant werden können, und man erkennt sie dann auch besser beim Durcharbeiten des Klausursachverhalts.

Nicht nur im Urteil, auch i.R.d. Ermittlungsverfahrens kann sich der „in dubio pro reo"-Grundsatz auswirken. Diese wichtige strafrechtliche Regel darf in keinem Verfahrensstadium außer Acht gelassen werden.

Wie behandelt man ein Delikt, bezüglich dessen sich der Anfangsverdacht i.R.d. Ermittlungsverfahrens nicht bestätigt?

HEMMER-METHODE zu ÜK 14 StrafR

Liegt – entweder aufgrund fehlender oder nicht verwertbarer Beweismittel oder nach der rechtlichen Würdigung – bezüglich eines bestimmten Delikts kein hinreichender Tatverdacht vor, ist dies im Gutachten wie folgt darzustellen:

1. Knappe Darstellung des zunächst vermuteten Sachverhalts
2. Darstellung des beweisbaren und des nicht beweisbaren Sachverhalts (Gründe für fehlende Beweisbarkeit, bspw. Beweisverwertungsverbot)
3. Rechtliche Würdigung der erfüllten und der nicht erfüllten Straftatbestände (Gründe für fehlende Strafbarkeit, bspw. Rechtfertigung der Handlung durch Notwehr)
4. Darstellung des Ergebnisses: Keine Anklage aufgrund des „in dubio pro reo"-Grundsatzes

Wenn zu diesem Zeitpunkt feststeht, dass ein Teil des Sachverhalts nicht beweisbar ist oder rechtlich nicht strafbar ist, kann dieser nicht angeklagt werden. Auch wenn der Staatsanwalt die Begehung durch den Beschuldigten persönlich für möglich hält – nach dem „in dubio pro reo"-Grundsatz muss spätestens in der Hauptverhandlung sicher bewiesen werden können, dass der Sachverhalt sich ereignet hat. Wird das nach einer vorläufigen Beurteilung des Sachverhalts nicht möglich sein, ist insoweit kein hinreichender Tatverdacht für eine Anklage gegeben. Der „in dubio pro reo"-Grundsatz ist zwar für die Staatsanwaltschaft nicht unmittelbar zwingend, wirkt sich aber tatsächlich an dieser Stelle aus und kann gegebenenfalls zur Einstellung hinsichtlich einer prozessualen Tat führen.

Formulierungsbeispiel: „Es liegt kein hinreichender Tatverdacht hinsichtlich eines Totschlags gemäß § 212 StGB vor. Das Geständnis des Beschuldigten A, das er gegenüber dem Polizisten P am 10.06.2021 abgab, kann wegen Verstoßes gegen § 136a I S. 1 nicht verwertet werden. [Es folgt eine Subsumtion unter § 136a und Ausführungen dazu, warum daraus ein Beweisverwertungsverbot folgt.] Nach den Angaben des Verteidigers des A gegenüber der Staatsanwaltschaft wird A in der Hauptverhandlung die Aussage verweigern. Andere Beweismittel hinsichtlich dieses Sachverhalts liegen nicht vor. Somit wird dieser in der Hauptverhandlung nicht zur Überzeugung des Gerichts bewiesen werden können. Unter Anwendung des „in dubio pro reo"-Grundsatzes ist aus Mangel an Beweisen daher von der Unschuld des A auszugehen. Das Verfahren hinsichtlich dieser prozessualen Tat ist daher gem. § 170 II einzustellen."

Im Rahmen des Gutachtens kann sich auch ergeben, dass aufgrund der Beweislage hinsichtlich einer Tat mehrere Varianten in Betracht kommen, der Sachverhalt darüber hinaus aber nicht weiter aufklärbar ist. Dies kann zur Anwendung des Grundsatzes der Wahlfeststellung führen.

Was bedeutet der Grundsatz der Wahlfeststellung?

1. Darstellung der denkbaren Sachverhaltsvarianten
2. Rechtliche Würdigung sämtlicher Varianten

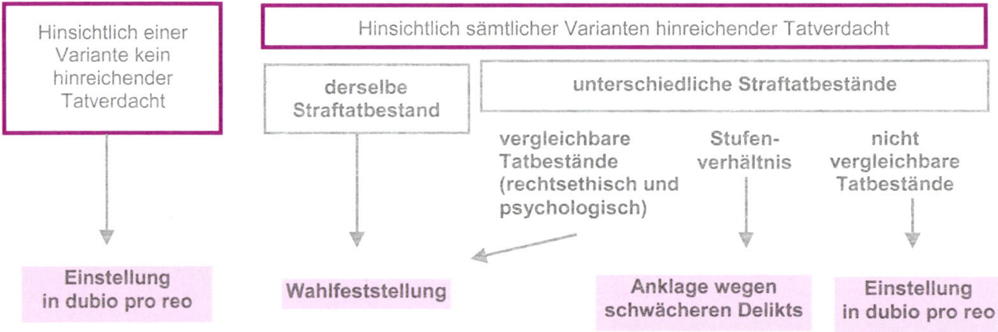

Formulierungsbeispiel: „Aufgrund der staatsanwaltlichen Ermittlungen steht fest, dass A entweder selbst am 26.06.2021 das Gemälde „soleil levant" von Claude Monet aus dem Museum entwendete oder es am 28.06.2021 von X in Kenntnis von dem Diebstahl aus dem Museum kaufte (gegebenenfalls genauere Ausführungen hierzu). Die erste Alternative würde zu einer Strafbarkeit des A aus § 242 I StGB führen, (…). Nach der zweiten Alternative hätte sich A gem. § 259 I Var. 1 StGB wegen Hehlerei strafbar gemacht (…). Die beiden Straftatbestände stehen nicht in einem Stufenverhältnis zueinander und sind rechtsethisch und psychologisch vergleichbar. Dies folgt insbesondere daraus, dass sowohl § 242 StGB als auch § 259 StGB unter anderem fremdes Eigentum schützen. Somit kann der Grundsatz der Wahlfeststellung angewandt werden, es besteht ein hinreichender Tatverdacht gegen A, entweder einen Diebstahl gem. § 242 StGB oder eine Hehlerei gem. § 259 StGB begangen zu haben."

Beachten Sie: Nachdem zwischenzeitlich der 2. Senat des BGH Zweifel geäußert hatte, ob die richterrechtlich entwickelte Rechtsfigur der echten Wahlfeststellung mit Art. 103 II GG vereinbar ist, hat der Große Senat entschieden, dass diese nach den bisher entwickelten Kriterien zulässig ist. Die Anwendbarkeit setzt damit insbesondere eine rechtsethische und psychologische Vergleichbarkeit der in Betracht kommenden Delikte voraus (vgl. GSt 1/17 = Life&LAW 02/2018, 101 ff.).

Voraussetzung der Anklage ist, dass der Verurteilung wegen des ermittelten Sachverhalts kein Prozesshindernis entgegensteht. Finden sich im Sachverhalt dazu Anhaltspunkte, sollten das Vorliegen oder Nichtvorliegen eines Prozesshindernisses im Gutachten ebenfalls dargestellt werden. Denn wenn ein Prozesshindernis vorliegt, kann das Gericht keine Hauptverhandlung durchführen und somit kann hinsichtlich dieser Tat auch kein hinreichender Tatverdacht i.S.v. § 170 I angenommen werden. Tatverdacht in diesem Sinn bedeutet gerade, dass eine Verurteilung durch das Gericht nach dem umfänglich zu würdigenden Ermittlungsergebnis wahrscheinlich erscheint.

Wie sind Prozesshindernisse im Gutachten darzustellen?

1. Darlegung von in Betracht kommenden allgemeinen Prozesshindernissen und deren gutachtliche Beurteilung
2. Darstellung des hinreichenden Tatverdachts bezüglich eines Delikts
3. Darlegung, dass für die Verurteilung bestimmte Prozessvoraussetzungen vorliegen müssen und gutachtliche Beurteilung
4. Darstellung der Rechtsfolge der rechtlichen Beurteilung, etwa Überlegungen zur Behebbarkeit des Mangels

Es gibt allgemeine Prozesshindernisse, die das Verfahren als solches verhindern, wie etwa die Strafunmündigkeit des Beschuldigten nach § 19 StGB oder die fehlende deutsche Gerichtsbarkeit wegen diplomatischer Immunität gemäß §§ 18-20 GVG. Ein solches allgemeines Hindernis ist am besten zu Beginn des Gutachtens zu erörtern, weil es nicht mit einem bestimmten Delikt zusammenhängt und das Verfahren als solches dann nicht durchgeführt werden kann. Dabei ist – jedoch nur bei Vorliegen entsprechender Anhaltspunkte – der vorliegende Sachverhalt unter die entsprechenden Normen zu subsumieren und deren Rechtsfolge zu erörtern.

Des Weiteren gibt es Prozessvoraussetzungen für bestimmte Delikte wie etwa, dass das konkrete Delikt nicht verjährt ist, dass ein erforderlicher Strafantrag gestellt wurde, kein Strafklageverbrauch oder keine anderweitige Rechtshängigkeit der prozessualen Tat gegeben ist.

Auch hier gilt wiederum: Eine gutachtliche Erörterung ist nur dann angebracht, wenn überhaupt Anhaltspunkte im Sachverhalt ersichtlich sind. Allerdings können diese auch versteckt sein, wie bei der Verjährung oder bei den Antragsdelikten. Hierauf ist bei verschiedenen Delikten wie etwa Hausfriedensbruch, § 123 StGB, oder bei länger zurückliegenden Sachverhalten zu achten.

Das Vorliegen eines wirksamen Strafantrags muss nur dargestellt werden, wenn ein bestimmtes in Betracht kommendes Delikt einen Strafantrag gemäß §§ 77 ff. StGB erfordert und nicht pauschal im Bearbeitervermerk steht: „Gegebenenfalls erforderliche Strafanträge wurden gestellt".

Wie ist das Stellen eines wirksamen Strafantrags zu prüfen?

1. Vorliegen eines (reinen oder relativen) Antragsdelikts, *Bsp.: § 123 II StGB*
2. Stellung des Antrags gem. den Voraussetzungen der §§ 77 ff. StGB, gegebenenfalls Auslegung der Erklärung des Verletzten gem. § 133 BGB entsprechend; Abgrenzung zu § 158 I (= prozessualer Strafantrag; dann gegeben, wenn persönlicher Wunsch des Anzeigeerstatters nach Strafverfolgung; beachten Sie dann: §§ 171, 172).
3. Keine Rücknahme nach § 77d StGB
4. Antragsberechtigung des Antragstellers, § 77 StGB
5. Form und Frist, § 158 II ; § 77b StGB
6. ggf. Ersetzungsmöglichkeit durch Bejahung eines besonderen öffentlichen Interesses (Nr. 234 RiStBV), beachten Sie dabei den Unterschied zum einfachen öffentl. Interesse i.S.d. § 376

Bei einem Antragsdelikt sind – je nach der Schwere der sich ergebenden Probleme mehr oder weniger ausführlich – grundsätzlich die Voraussetzungen des Strafantrags nach §§ 77 ff. StGB anzusprechen. Liegt eine Voraussetzung nicht vor, ist zu fragen, ob sie nachholbar ist, ob etwa der Strafantrag noch innerhalb der Frist gestellt bzw. formwirksam wiederholt werden kann. Ist dies nicht der Fall, muss bei den relativen Antragsdelikten weiterhin geprüft werden, ob ein besonderes öffentliches Interesse an der Strafverfolgung bejaht werden kann. Das ist immer dann der Fall, wenn die Tat über den Rechtskreis des Geschädigten hinausgeht.

Gegebenenfalls ist das besondere öffentliche Interesse unabhängig vom gestellten Strafantrag hilfsweise zu bejahen, um die Verfolgung auch für den Fall zu sichern, dass der Strafantrag im Laufe des Verfahrens noch zurückgenommen wird. Das kann besonders bei Gewalt innerhalb der Familie sinnvoll sein.

Der Verfolgung kann außerdem die Verjährung entgegenstehen. Mit Eintritt der Verjährung ist die Verfolgung eines Delikts auf Dauer nicht mehr möglich. Sinn und Zweck der Verjährungsvorschriften (§§ 78 ff. StGB) ist es, dass ein Täter nicht wegen lange zurückliegender Sachverhalte noch mit Verfolgung rechnen muss. Allerdings sieht das Gesetz in § 78c StGB die Möglichkeit der Unterbrechung der Verjährung durch staatliche Maßnahmen vor. Wird eine solche Maßnahme ergriffen, so muss der Täter mit Verfolgung seiner Tat rechnen.

Ab welchem Zeitraum zwischen Tatbegehung und möglicher Verjährungsunterbrechung muss man bei der Klausurerstellung die Verjährung in die eigenen Überlegungen mit einbeziehen?

An eine mögliche Verjährung ist immer dann zu denken, wenn die Tat im Zeitpunkt der Abschlussverfügung länger als drei Jahre zurückliegt. Denn die kürzeste Verjährungsfrist beträgt drei Jahre, § 78 II Nr. 5 StGB.

Wichtig: Die Prüfung der Verjährung ist im Anschluss an jeden Straftatbestand, bei dem sie in Betracht kommt, gesondert zu prüfen. Denn die Verjährung kann für jedes Delikt unterschiedlich ausfallen, da sich die Länge der Verjährungszeit am Straftatbestand orientiert, vgl. § 78 StGB.

Die Prüfung der Verjährung ist dabei wie folgt aufzubauen:

1. Feststellung des abstrakten Strafrahmens – dabei sind Strafschärfungen und -milderungen wie etwa § 243 StGB unbeachtlich, Qualifikationen und Privilegierungen wie etwa § 244 oder § 216 StGB dagegen beachtlich, vgl. § 78 IV StGB.
2. Beginn der Verjährung festlegen: Beendigung des Delikts, § 78a StGB.
3. Prüfung eines möglichen Ruhens oder Unterbrechung, §§ 78b, 78c StGB
4. Ergebnis feststellen

Beachten Sie:

Die Unterbrechung i.R.d. § 78c I Nr. 1 StGB beginnt nicht erst mit der Vornahme der Vernehmung, sondern schon mit deren Anordnung.

§ 78c I Nr. 10 und 11 StGB gelten grundsätzlich nur für gerichtliche Handlungen.

Die gesonderte Prüfung jedes einzelnen Straftatbestands muss auch innerhalb einer prozessualen Tat erfolgen. An dieser Stelle ist es sinnvoll, sich noch einmal den Unterschied zwischen Straftatbeständen und prozessualen Taten klarzumachen. Die Einteilung in prozessuale Taten orientiert sich an Lebenssachverhalten, während die verschiedenen Delikte oder Tatbestände die unterschiedliche mögliche rechtliche Beurteilung der einzelnen Handlungen innerhalb dieser Lebenssachverhalte beschreiben.

Eine prozessuale Tat kann auch dann nicht mehr verfolgt werden, wenn schon eine rechtskräftige Entscheidung bzgl. derselben Tat vorliegt, Art. 103 III GG. Dabei spielt es keine Rolle, ob es sich um eine Verurteilung oder einen Freispruch handelt, solange das Urteil tatsächlich dieselbe prozessuale Tat i.S.v. § 264 betrifft.

Wie stellt man das Bestehen oder Nichtbestehen eines Strafklageverbrauchs fest?

Feststellung der prozessualen Tatidentität Qualifikation der Tat	Vorliegen von gerichtlichen Entscheidungen oder Einstellungsbeschlüssen
⇩	⇩
Ist die jetzt fragliche Tat von der ursprünglichen Entscheidung umfasst?	Löst diese Entscheidung einen Strafklageverbrauch aus?

Wenn feststeht, dass es sich bei dem jetzt ermittelten Sachverhalt und demjenigen, zu dem bereits eine Entscheidung ergangen ist, um dieselbe prozessuale Tat handelt, ist des Weiteren zu prüfen, ob daraus ein Strafklageverbrauch folgt.

Das ist bei rechtskräftigen gerichtlichen Urteilen immer der Fall. Auch gerichtliche Einstellungsbeschlüsse, soweit sie nicht wie etwa § 205 nur vorläufig sind, bedeuten grundsätzlich einen Strafklageverbrauch bezüglich dieser Tat. Das führt zu einem dauernden Prozesshindernis.

Staatsanwaltschaftliche Einstellungsverfügungen führen grundsätzlich nicht zu einem Verfolgungshindernis (Ausnahme: § 153a I S. 5), eine Wiederaufnahme der Ermittlungen und eine spätere Anklage bleiben grundsätzlich möglich. Umstritten ist dies bei § 153 I. Eine Ansicht vertritt, dass die Strafverfolgung nach dem analog heranzuziehenden Rechtsgedanken der §§ 174 II, 211 wieder möglich ist, wenn neue Tatsachen oder Beweismittel bekannt werden. Nach einer anderen Ansicht ist eine neue Verfolgung in Anlehnung an § 153a I S. 5 nur möglich, wenn die neuen Tatsachen zu einer rechtlichen Beurteilung als Verbrechen führen würden.

Formulierungsbeispiel: „Der Verfolgung der Tat steht nicht das Verfolgungshindernis des Strafklageverbrauchs entgegen. Zwar liegt hinsichtlich des Verhaltens des A am 02.03.2021 mit dem Urteil des Amtsgerichts Würzburg vom 01.06.2021 eine gerichtliche Entscheidung vor. Allerdings betrifft diese eine andere prozessuale Tat als die hier anzuklagende. Denn die hier anzuklagende Tötung des B steht in keinerlei Zusammenhang mit der am Vormittag desselben Tages begangenen Trunkenheitsfahrt. A hatte nach dieser Fahrt sein Auto abgestellt und erst einige Stunden später aufgrund eines völlig neuen Tatentschlusses auf den B geschossen, so dass die beiden Taten keinen einheitlichen Lebensvorgang darstellen. Da es sich also um zwei prozessuale Taten i.S.v. § 264 handelt, kann das Urteil nicht zu einem Strafklageverbrauch führen.“

Zu ergreifende Maßregeln der Besserung und Sicherung müssen in der Anklageschrift enthalten sein. So muss zum Beispiel auf die Ungeeignetheit des Täters zum Führen eines Kraftfahrzeugs i.S.v. § 69 StGB hingewiesen und angekündigt werden, dass in der Hauptverhandlung die Einziehung der Fahrerlaubnis beantragt werden wird, Nr. 110 II lit. c) RiStBV. Daher ist es sinnvoll, auf diese Problematik schon i.R.d. Gutachtens einzugehen.

Welche Maßregeln der Besserung und Sicherung kommen in der Klausur in Betracht und wie sind sie zu prüfen?

Entziehung der Fahrerlaubnis

↓

Spielt i.R.d. Tat ein Kfz eine Rolle, sollte der Bearbeiter immer an §§ 69 f. StGB denken.

Einziehung

↓

Etwa Taterträge, aber auch Tatprodukte, Tatmittel sowie Tatobjekte können bei Tätern und Teilnehmern gemäß den §§ 73-76b StGB eingezogen werden.

Im Gutachten ist in diesen Fällen kurz auf die Voraussetzungen der Maßregeln einzugehen.

Eine besondere Bedeutung spielt dabei die Entziehung der Fahrerlaubnis. In § 69 II StGB listet das Gesetz beispielhaft einige Delikte auf, die eine Ungeeignetheit vermuten lassen. Allerdings ist diese Aufzählung nicht abschließend, so dass etwa auch bei Erfüllung des § 315b StGB die Fahrerlaubnis entzogen werden kann. Scheidet § 69 StGB aus tatsächlichen oder rechtlichen Gründen aus, ist außerdem an § 44 StGB zu denken.

Der Inhalt der Abschlussverfügung hängt vom Ergebnis des erstellten Gutachtens ab, vgl. KK 4 und 5. Somit ist hinsichtlich derjenigen prozessualen Taten, für die kein hinreichender Tatverdacht besteht, eine Einstellungsverfügung des Staatsanwalts zu entwerfen. In der Klausur wird in der Regel daneben bezüglich einiger prozessualer Taten ein hinreichender Tatverdacht vorliegen, um auch das Verfassen der Anklageschrift abprüfen zu können.

Die nächsten Karteikarten beschäftigen sich mit den Formalia der Anklageschrift, anschließend werden unterschiedliche Einstellungsverfügungen dargestellt.

In der Regel ist die Erstellung eines Antrags auf Erlass eines Strafbefehls durch den Bearbeitervermerk ausgeschlossen oder nicht möglich, weil die Voraussetzungen des § 407 nicht vorliegen.

Woran orientiert man sich hinsichtlich Inhalt und Form der Anklageschrift?

Ausgangspunkt sind die gesetzlichen Regelungen, §§ 170 I, 200.
(Siehe auch M-G/S § 200 Rn. 1 ff., § 260 Rn. 22, Nr. 110 RiStBV)

1. Die Anklageschrift und die staatsanwaltschaftliche (Einstellungs-)Verfügung sind als Einheit anzusehen. Daher werden einige inhaltlich zusammenhängende Prüfungen auf diese beiden Schriften verteilt, vgl. KK 4. Einige der Straftatbestände, die mit angeklagten Taten zusammenhängen, aber nicht verwirklicht wurden oder nicht beweisbar sind, werden im Vermerk dargestellt. In die Anklage kommt nur das, was für die Hauptverhandlung relevant ist. Denn dies ist der eigentliche Zweck der Anklageschrift: Vorbereitung der Hauptverhandlung.
2. Beachten Sie dabei einige Details:

   - In der Verfügung grundsätzlich an den Vermerk gem. § 169a denken (beachten Sie insofern § 147 II, VI)
   - Der Beschuldigte wird nach § 157 zum Angeschuldigten (nur in der Anklageschrift, nicht in der Verfügung)

Nachfolgend wird zunächst von der in Bayern üblichen Fassung einer Anklageschrift ausgegangen. Einige Besonderheiten anderer Bundesländer werden daraufhin behandelt. Da vorliegend nicht abschließend alle länderspezifischen Besonderheiten dargestellt werden können, sollte man sich über die im eigenen Bundesland übliche Form im Rahmen der Strafrechtsstation weiter informieren.

Beispiele einer Anklageschrift finden Sie im Skript hemmer/wüst, Klausurentraining Strafprozess, Klausuren 1 und 2 und in den Fällen des Assessor-Klausurenkurses. Nochmals sei darauf hingewiesen: Am besten erwerben Sie Routine beim Abfassen von Anklageschriften bzw. Verfügungen, indem Sie im Rahmen Ihrer Vorbereitung möglichst viele Klausuren schreiben bzw. klausurrelevante praktische Arbeiten in Ihrer Strafrechtsstation entwerfen.

Die Anklageschrift ist streng formal aufgebaut. Korrektoren, die in der Praxis tätig sind, nehmen Fehler bei diesen Formalia besonders übel! Also orientieren Sie sich immer exakt an den vorgegebenen Mustern und trainieren Sie den Aufbau immer wieder durch das eigene Schreiben von Klausuren.

Worauf muss man beim Einstieg in das Verfassen einer Anklageschrift achten?

Im „Kopf" der Anklageschrift sind folgende Angaben enthalten:

StA – Aktenzeichen der StA – Ort und Datum – in Haftsachen: „Haft!"

Es folgen die Personalien des Angeschuldigten, Nr. 110 II lit. a) RiStBV, bei mehreren Angeschuldigten wird zuerst der genannt, dem die schwerste Tat angedroht wird.

Wurde bereits ein Wahlverteidiger gewählt, ist dieser mit seinen Personalien anzugeben und auf die Vollmacht hinzuweisen.

Der Vermerk „Haft" und die dazu gehörigen Angaben, Nr. 110 IV RiStBV, sind zwar nur ein Detail, aber in der Praxis und daher auch für die Korrektoren von entscheidender Bedeutung!

Aufbau der Anklageschrift

Der anschließende Aufbau der Anklageschrift kann in dem Muster einer Formularsammlung, eines Kommentars oder anhand von Musterklausuren nachvollzogen werden. Allerdings ist hier, bevor auf die Details eingegangen wird, ein kurzer Überblick über die Anklageschrift zu geben, damit beim Erlernen der Einzelheiten nicht der Gesamtzusammenhang aus den Augen verloren wird.

Wie wird eine Anklageschrift aufgebaut?

1. Anklagesatz

   - Sachverhalt, der dem Angeschuldigten zur Last gelegt wird
   - Gesetzliche Tatbestandsmerkmale der einschlägigen Strafvorschriften
   - Kurzbeschreibung der Strafvorschriften unter Angabe der Paragraphen (dabei auf genaue Zitierung der einschlägigen Variante achten!)

2. Wesentliches Ergebnis der Ermittlungen
3. Anträge der Staatsanwaltschaft
4. Beweismittel
5. Vorlageverfügung
6. Unterschrift

Im Anklagesatz (vgl. § 200 I S. 1) erfolgt die Schilderung des strafrechtlich relevanten Sachverhalts.

Wie lautet der einleitende Satz der Sachverhaltsschilderung?

Was sind die Funktionen dieser Schilderung?

Die Sachverhaltsschilderung beginnt immer mit:

„Die Staatsanwaltschaft legt auf Grund ihrer Ermittlungen dem Angeschuldigten folgenden Sachverhalt zur Last:“

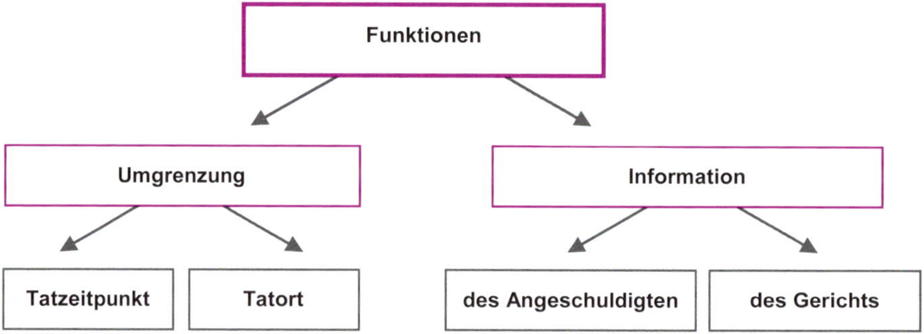

Das Verständnis dieser Funktionen erleichtert das Verfassen der Sachverhaltsschilderung. Diese Schilderung dient dazu, die Tat genau zu umreißen, damit sie von anderen Taten unterschieden werden kann. Des Weiteren soll der Angeschuldigte schon vor der Verhandlung und dann noch mal zu Beginn der Hauptverhandlung wissen, was ihm vorgeworfen wird, um sich bestmöglich verteidigen zu können. Auch das Gericht soll zu Beginn der Verhandlung wissen, welcher Sachverhalt konkret vorgeworfen wird, um sachdienliche Fragen stellen, die relevanten Beweismittel beiziehen und anschließend die Beweisbarkeit der vorgeworfenen Tat beurteilen zu können. Deshalb ist es notwendig, die Tat so genau wie möglich darzustellen.

Vielfach wird hierbei in Klausuren die Darstellung der subjektiven Tatseite vollkommen übersehen. Vermeiden Sie diesen Fehler von Anfang an. Auch der subjektive Tatbestand muss in die Sachverhaltsschilderung mit aufgenommen werden.

Die Sachverhaltsschilderung zeichnet sich durch einen knappen, aber alles erfassenden Stil aus. Der Anklagesatz enthält alle relevanten äußeren und auch inneren Umstände der Tat, und das in einer klaren, verständlichen Sprache.

Lesen Sie sich dazu zunächst eine der Musterklausuren des hemmer/wüst-Skripts durch, bevor Sie die Einzelheiten lernen, um sich eine Vorstellung von dem, was von Ihnen in einer Klausur konkret erwartet wird, machen zu können.

Auf welche Besonderheiten im Sprachstil ist bei der Schilderung des Sachverhalts zu achten?

1. Umfassende Darstellung aller Tatbestandsmerkmale
2. Schilderung der objektiven, aber auch subjektiven Vorgänge – etwa Absichten des Angeschuldigten
3. Einhaltung einer objektiven, allwissenden Augenzeugenperspektive
4. Nutzung einer knappen und verständlichen Sprache
5. Erzählung im Imperfekt, ggf. Plusquamperfekt

Einige Besonderheiten sind dabei zu beachten:

- mehrere Angeschuldigte sind mit ihren Namen zu bezeichnen, um sie unterscheiden zu können
- wird gegen einen anderen Angeschuldigten ein getrenntes Verfahren durchgeführt, wird er bezeichnet mit: „der anderweitig verfolgte X“
- andere Personen immer mit einem sie spezifizierenden Zusatz nennen, so etwa „der Fußgänger P“, „der Kriminaloberkommissar O“ o.ä.
- chronologischer Aufbau, auch bei mehreren Taten
- Maßnahmen der Besserung und Sicherung darstellen, ggf. auf die Ungeeignetheit zum Führen von Kraftfahrzeugen und die Ankündigung eines Antrags gem. § 69 StGB in der Hauptverhandlung eingehen
- bei einem Antragsdelikt Hinweise auf gestellte Strafanträge in die Anklageschrift aufnehmen Nr.110 II lit. d) RiStBV, wenn die Ersetzung durch besonderes öffentliches Interesse möglich ist, dieses gegebenenfalls explizit bejahen

Sinnvoll erscheint es, sich – soweit möglich – vom Ausbilder in der Referendarstation Formulierungsbeispiele zu besorgen: Diese sind praxisnah und werden von den Korrektoren in der Regel selbst tagtäglich benutzt. Es macht einen guten Eindruck, wenn der Korrektor in der Klausur das wiederfindet, was er selbst jeden Tag schreibt oder liest – das spricht für den Erwerb des gängigen Praxiswissens!

Am Ende stehen im Anklagesatz die gesetzlichen Merkmale der Straftat und die anzuwendenden Strafvorschriften.

Welche Bestandteile des AT und des BT sind von den „gesetzlichen Merkmalen der Straftat" umfasst, welche nicht?

HEMMER-METHODE zu ÜK 26

Grundsätzlich gilt es hier, den Wortlaut sämtlicher Paragraphen präzise wiederzugeben, wegen derer man Anklage erhebt. Dabei ist zu beachten, dass bestimmte AT-Vorschriften und BT-Besonderheiten mit einzubeziehen sind.

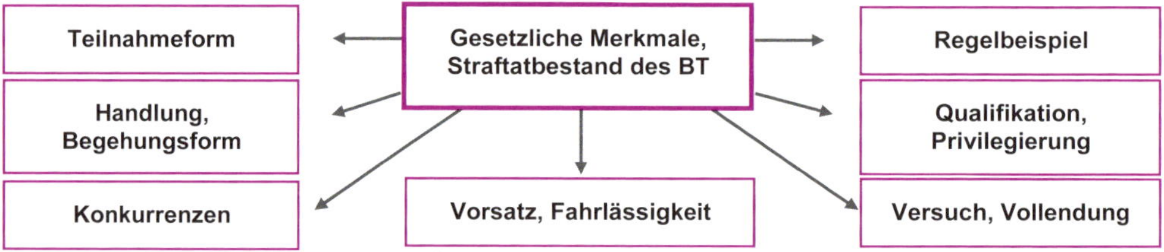

Das bedeutet im Einzelnen beispielsweise:

	Der Angeschuldigte wird daher beschuldigt,
Handlungsform, Teilnahmeform	ggf. durch Unterlassen
	gemeinschaftlich / durch einen anderen
	unmittelbar dazu angesetzt zu haben
	einen anderen dazu bestimmt / dazu Hilfe geleistet zu haben
Konkurrenzen	durch dieselbe Tat / durch eine weitere, selbständige Tat
Schuldform	vorsätzlich / fahrlässig

Wichtig ist bei dem Abschreiben des gesetzlichen Tatbestands des BT: Wenn es bei diesem mehrere Varianten gibt, ist genau die verwirklichte Variante zu zitieren. So muss man sich bei § 263 StGB etwa entscheiden, ob die Tat „durch Vorspiegelung falscher“ oder „durch Entstellung wahrer Tatsachen“ oder „durch Unterdrückung wahrer Tatsachen“ begangen wurde. Nur die entsprechende Variante ist im Anklagesatz zugrundezulegen.

Soweit nicht durch Bearbeitervermerk erlassen oder wegen § 200 II S. 2 für die Anklageschrift vor dem Strafrichter überflüssig, ist außerdem das wesentliche Ergebnis der Ermittlungen zu entwerfen.

Welchen Zweck verfolgt das wesentliche Ergebnis der Ermittlungen?

Aufklärung des Angeschuldigten über die Beweislage	← **Zweck des wesentlichen Ergebnisses der Ermittlungen** →	Erleichterung der Durchführung der Hauptverhandlung
	↓	
	Ermöglichung einer vollständigen Beurteilung von Tat und Person des Angeschuldigten	

Das wesentliche Ergebnis der Ermittlungen berichtet darüber, wie der angeklagte Sachverhalt bewiesen werden soll und kann auch sehr knappe Ausführungen hinsichtlich der rechtlichen Bewertung der Tat beinhalten. Dadurch soll der Angeschuldigte die Möglichkeit haben, sich bestmöglich zu verteidigen. So kann er sich bei Kenntnis der Beweismittel der Staatsanwaltschaft eine eigene Verteidigungsstrategie erarbeiten und sich darauf einstellen, welche Beweise er entkräften muss. Zum anderen soll das Gericht so die Hauptverhandlung möglichst effektiv gestalten können. Der verfahrensleitende Vorsitzende weiß dann schon im Vorhinein, an welcher Stelle sich Probleme in Beweisbarkeit und rechtlicher Beurteilung stellen könnten und auf welche Ermittlungen er i.R.d. Hauptverhandlung besonderen Wert legen muss. So kann der Richter insbesondere beurteilen, welche Beweismittel er im Rahmen seiner Aufklärungspflicht beiziehen sollte, um sich ein vollständiges Bild von der Tat und vom Angeschuldigten machen zu können.

Versetzen Sie sich beim Erstellen dieses Teils der Anklage in die Rolle des Staatsanwalts, der den Richter auf seine Strategie in der Hauptverhandlung vorbereiten will. Außerdem muss er den Richter von der Beweisbarkeit des Sachverhalts zumindest so weit überzeugen, dass dieser das Hauptverfahren eröffnet, § 203. Insbesondere darf der Staatsanwalt keine Zweifel anklingen lassen. Keinesfalls sollte formulieren werden: „Es könnte gelingen zu beweisen, dass sich der Angeklagte am fraglichen Abend am Tatort befand, da der Zeuge Z meint, ihn dort gesehen zu haben.“ Im wesentlichen Ergebnis der Ermittlungen steht vielmehr: „Zwar hat der Angeklagte bisher kein Geständnis abgelegt. Seine Tatbeteiligung wird in der Hauptverhandlung jedoch bewiesen werden durch Z, der beobachtete, wie A auf B schoss.“

In aller Regel kann das wesentliche Ergebnis der Ermittlungen knapp ausfallen, insbesondere sollten keinesfalls alle rechtlichen Probleme, die bereits im Gutachten erörtert wurden, nochmals dargestellt werden. Geben Sie dann nur einen kurzen Überblick über die Beweissituation und die Person des Angeklagten. Wenn jedoch Beweisprobleme – insbesondere Beweisverwertungsverbote – auftauchen, sind diese ausführlicher zu behandeln.

Wie baut man das wesentliche Ergebnis der Ermittlungen in einem komplexeren Fall auf?

1. Person und Vorleben des Angeschuldigten (Vorstrafen)
2. Vorgeschichte und Umstände der Tat
3. Einlassung des Angeschuldigten
4. Würdigung der ermittelten Beweise
5. Gegebenenfalls knappe Rechtserläuterungen

Gerade das wesentliche Ergebnis der Ermittlungen lässt sich gut trainieren, indem man es einige Male selbst verfasst und auch vom Ausbilder korrigieren lässt. Achten Sie dabei auf eine bewusste und genaue Schwerpunktsetzung.

Ein Beispiel für eine knappe Erstellung finden Sie in hemmer/wüst, Musterklausuren zum Strafprozess“ Fall 1, weitere Hinweise in M-G/S § 200 Rn. 17 ff. Es gibt zur Erstellung des wesentlichen Ergebnisses auch andere Meinungen. Zum Teil erwarten Korrektoren, dass alles in das wesentliche Ergebnis der Ermittlungen „gequetscht“ wird, während andere dies als „völlig praxisfern“ ablehnen. Versuchen Sie, einen Mittelweg zu finden, Sie werden es ohnehin nicht allen denkbaren Korrektoren recht machen können.

Nach der Feststellung des wesentlichen Ergebnisses der Ermittlungen erfolgt die Darlegung, vor welchem Gericht die Tat anzuklagen ist. Der Staatsanwalt hat also das zuständige Gericht zu ermitteln. Die örtliche Zuständigkeit ist im Strafrecht recht einfach zu ermitteln, da zum einen in der Regel verschiedene Gerichtsstände eröffnet sind, §§ 7 ff., zum anderen im Klausursachverhalt die Akten meist schon bei einer örtlich bestimmten Staatsanwaltschaft eingegangen sind – und diese ist normalerweise auch örtlich zuständig (nur kurz gedanklich überprüfen, vgl. Nr. 2 RiStBV).

Wie ermittelt man das sachlich zuständige Gericht?

Angeklagt wird bei dem erstinstanzlich zuständigen Gericht.
Lesen Sie vorab die entsprechenden Vorschriften: §§ 24 ff., 74 ff., 120 GVG.

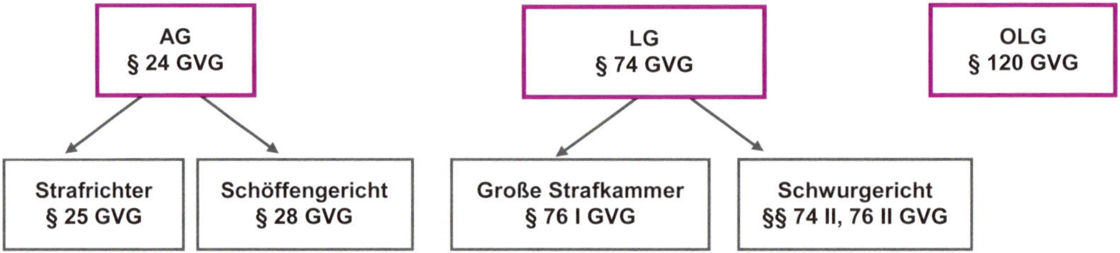

Die Zuständigkeit des Strafgerichts richtet sich zunächst einmal danach, ob wegen einer Tat nach § 74 II GVG oder § 120 GVG angeklagt wird. Dies ist nach der Anklageschrift einfach kurz festzustellen, da feststeht, nach welchem Straftatbestand angeklagt wird. Gehen Sie einfach kurz die Kataloge der §§ 74 II, 120 GVG durch. Dabei kann man sich hinsichtlich § 74 II GVG recht einfach merken, dass dieser fast ausschließlich bei einer eingetretenen Todesfolge in Betracht kommt.

Etwas schwerer ist die Bestimmung nach der zu erwartenden Strafe oder nach der besonderen Bedeutung des Falls, § 24 Nr. 3 GVG. Hier kommt es auf eine überschlagsmäßige Einschätzung des Staatsanwalts an. Verstricken Sie sich hier nicht in lange Ausführungen zur Strafzumessung oder zur besonderen Bedeutung, sondern überlegen Sie kurz – handelt es sich um einen mehrfach vorbestraften Angeklagten, der ein schweres Verbrechen begangen hat, für das möglicherweise zwei oder vier Jahre drohen könnten, oder geht es um ein einfaches Delikt, das wohl nicht zu solch einer Strafe führen wird. Denn die Zuständigkeit des Gerichts, bei welchem die Klage erhoben wird, bestimmt sich nach einer vorläufigen Einschätzung.

Die Anklageschrift hat die förmlichen Anträge zu enthalten, welche die Staatsanwaltschaft an das Gericht stellt.

Welche Anträge sind grundsätzlich immer zu stellen, welche können gegebenenfalls dazukommen?

Die Staatsanwaltschaft (dieser Teil der Anklageschrift ist personal gehalten: „Ich beantrage...“) muss folgende Anträge grundsätzlich stellen:

- Eröffnung des Hauptverfahrens und Zulassung der Anklage vor dem zuständigen Gericht (Angabe des Spruchkörpers): „das Hauptverfahren zu eröffnen und die Anklage zur Hauptverhandlung vor dem Schwurgericht des LG XY zuzulassen“
- Anberaumung eines Termins zur Hauptverhandlung: „einen Termin zur Hauptverhandlung zu bestimmen“

Je nach Sachverhalt (auf diese Besonderheiten genau achten, die formellen Anträge sind von besonderem Interesse der Korrektoren) gegebenenfalls weiterhin:

- Fortdauer der U-Haft, § 207 IV: „die Fortdauer der Untersuchungshaft des Angeschuldigten anzuordnen, da die Haftgründe fortbestehen“
- Bestellung eines Pflichtverteidigers, § 140: „dem Angeschuldigten gem. § 140 I Nr. 1, Nr. 2 einen Pflichtverteidiger zu bestellen“
- Vorläufige Entziehung der Fahrerlaubnis, § 111a: „dem Angeschuldigten für die Dauer der Hauptverhandlung die Fahrerlaubnis vorläufig zu entziehen“
- Verbindung mit einer anderen Sache, § 237: „dieses Verfahren mit dem Verfahren Az XY zu verbinden“

Außerdem ist auf kleine Details zu achten, wie etwa die Angabe des nächsten Haftprüfungstermins nach Nr. 110 IV S. 2 RiStBV. Die Antragstellung sollte mit großer Sorgfalt erfolgen, da sich auch hier wieder die Praxisnähe Ihrer Arbeit zeigt.

Die Anklage muss diejenigen Beweismittel enthalten, die der Staatsanwaltschaft in die Hauptverhandlung einführen möchte, § 200 I S. 2, vgl. auch Nr.111 RiStBV.

Welche Beweismittel sind in welcher Reihenfolge anzugeben?

- <u>Zeugen:</u> Jeweils mit ladungsfähiger Anschrift

  Bei Amtsträgern genügt die Angabe der Dienststelle, § 68 I S. 2

- <u>Sachverständige</u>
- <u>Urkunden:</u> In der Regel immer zumindest Auszug aus dem Bundeszentralregister, zudem ggf. gestellte Strafanträge
- <u>Sonstige Beweismittel:</u> Augenscheinobjekte (Tatwaffe, Tonbandaufnahmen etc.)

Angegeben werden nur die relevanten Beweismittel – unter Umständen genügt für einen Sachverhalt der sicherste Zeuge, Nr. 111 II RiStBV.

Liegt ein Geständnis des Angeklagten vor, müssen keine Zeugen genannt werden, Nr. 111 IV RiStBV. Zur Absicherung kann gegebenenfalls wie folgt vorgegangen werden:

1. Nennung der Zeugen
2. Vorläufiger Verzicht auf die Ladung im Anbetracht des Geständnisses

Zeigen Sie hier Sicherheit, indem Sie nicht alle möglichen Beweismittel aufzählen, sondern nur die relevanten bzw. nur das Geständnis verbunden mit einem vorläufigen Verzicht.

Den Abschluss der Anklageschrift bildet der Zuleitungsvermerk an das Gericht und die Unterschrift des Staatsanwalts.

An wen ist die Anklage zu adressieren?

Warum ist die Unterschrift des Staatsanwalts so bedeutsam?

Adressat der Anklage

Anklage zum Strafrichter	Anklage zum Schöffengericht oder Landgericht
„Mit Akten an das AG – Strafrichter – XY“	„Mit Akten an den / die Herrn / Frau Vorsitzende(n) des Schöffengerichts (oder Kammer des LG) beim AG / LG XY“

Anschließend folgt die Unterschrift des Staatsanwalts.

Diese ist deswegen von so großer Bedeutung, weil ohne die Unterschrift keine wirksame Anklage, sondern lediglich der Entwurf einer Anklageschrift vorliegt – das führt gegebenenfalls zu Punkteabzug!

Taucht der Name des Staatsanwalts im Sachverhalt auf, kann er dabei angeführt werden. Bevor man aber wertvolle Zeit mit Suchen im Sachverhalt verschwendet, lieber nur „Unterschrift Staatsanwalt“ anfügen.

In jedem Bundesland sind Besonderheiten hinsichtlich der Anklageschrift zu beachten. Auf all diese einzugehen, würde den Rahmen dieses Karteikartensatzes sprengen. Hier soll zunächst ein Aufbaumuster einer Anklageschrift aus dem süddeutschen Raum gezeigt werden, an dem Sie sich orientieren können. Für die Details sei auf das hemmer/wüst-Skript „Die Strafrechtsklausur im Assessorexamen", die Sachverhalte aus Ihrem Klausurenkurs und die Unterlagen aus Ihrer Arbeitsgemeinschaft verwiesen.

Aufbaumuster für Bayern

1. Erwägt die StA öffentliche Klage zu erheben, ist zunächst (gesondert) ein Abschluss der Ermittlungen zu verfügen, vgl. § 169a i.V.m. Nr. 109 RiStBV.
2. Die im Rubrum der Anklageschrift zu bezeichnende zuständige Staatsanwaltschaft entnehmen Sie dem Sachverhalt.
3. Dem folgen die Personalien des Angeschuldigten, wobei die in Nr. 110 II lit. a) RiStBV enthaltenen Daten berücksichtigt werden.
4. Im nächsten Schritt wird der Wahlverteidiger aufgeführt. Fehlt ein solcher, ist im Fall des § 140 bei den Anträgen (siehe Nr. 10) ein Pflichtverteidiger zu bestellen.
5. Befindet sich der Angeschuldigte in Haft, müssen die in Nr. 110 IV RiStBV geforderten Angaben aufgenommen werden.
6. Dem folgt der angeklagte Sachverhalt, d.h. die Darstellung der prozessualen Tat, die dem Angeschuldigten zur Last gelegt wird.
7. Die hieran folgenden gesetzlichen Merkmale der Straftat sind durch einen dreiteiligen Aufbau gekennzeichnet: Zunächst sind die gesetzlichen Merkmale der Straftat anzugeben. Dann folgen die rechtliche Bezeichnung der angeklagten Delikte sowie eine Aussage über die Konkurrenzen. Im dritten Teil folgt die Paragraphenbezeichnung.
8. Hierauf folgt das wesentliche Ergebnis der Ermittlungen, § 200 II i.V.m. Nr. 110 II lit. g), 112 RiStBV.
9. Nachfolgend ist das zuständige Gericht anzugeben (inkl. der entsprechenden Vorschriften).
10. Es folgen die notwendigen Anträge (ggf. mit Nebenanträgen).
11. Die Beweismittel (§ 202 I S. 2 i.V.m. Nr. 111 RiStBV) sind danach in der üblichen Reihenfolge anzugeben.
12. Die Anklageschrift schließt mit der Vorlageverfügung und der Unterschrift des StA ab.

hemmer-Methode: Gerade die Unterschrift des Staatsanwalts wird häufig vergessen. Dies führt zu (vermeidbaren!) Punktabzügen!

Auch für den norddeutschen Raum sind Besonderheiten zu berücksichtigen.

Das folgende Schema kann, zumal es selbst in den einzelnen Bundesländern stark variiert, nur als Anhaltspunkt dienen.

Aufbaumuster für norddeutsche Bundesländer

1. Die im Rubrum der Anklageschrift zu bezeichnende zuständige Staatsanwaltschaft entnehmen Sie dem Sachverhalt.
2. Dem folgt die Bezeichnung des zuständigen Gerichts.
3. Dem folgen die Personalien des Angeschuldigten, wobei die in Nr. 110 II lit. a) RiStBV enthaltenen Daten berücksichtigt werden.
4. Im nächsten Schritt werden Tatzeit und Tatort aufgeführt.
5. Dem folgt ein abstrakter Anklagesatz, der anschließend konkretisiert wird (sog. konkreter Anklagesatz).
6. Die Beweismittel sind danach in der am Prüfungsort üblichen Reihenfolge anzugeben.
7. Unter Umständen wird danach das wesentliche Ergebnis der Ermittlungen dargelegt, was allerdings in Klausuren in Berlin und Niedersachsen nicht gefordert wird.
8. Es folgt der Antrag, das Hauptverfahren zu eröffnen und die Anklage vor dem zuständigen Gericht zuzulassen.
9. Die Anklageschrift schließt mit der Unterschrift des StA ab.

hemmer-Methode: Dieses Schema kann, zumal es selbst in den einzelnen Bundesländern stark variiert, nur als Anhaltspunkt dienen.

Die Anfertigung eines Strafbefehls sollten Sie im Examen nur dann vornehmen, wenn dies im Bearbeitervermerk ausdrücklich gefordert wird oder eine Anklage – etwa wegen Vorliegen eines vollumfänglichen Geständnisses bei einem unbedeutenden Delikt – völlig praxisfern wäre. Die Form des Strafbefehls kann man Nr. 176 RiStBV entnehmen.

Was sind die Voraussetzungen für den Erlass eines Strafbefehls?

Die Voraussetzungen für den Erlass eines Strafbefehls lassen sich § 407 I entnehmen, vgl. auch M-G/S § 407 Rn. 8 ff.

1. Hinreichender Tatverdacht gem. § 170 I; der Strafbefehl ist eine Anklageerhebung, nur in besonderer Form.
2. Vergehen gem. § 12 II StGB, das zur Zuständigkeit des Strafrichters oder des Schöffengerichts gehört, §§ 24, 25, 28 GVG
3. Hauptverfahren nach Ansicht des Staatsanwalts nicht erforderlich, (einfacher Sachverhalt und eindeutige Beweislage)
4. Zulässige Rechtsfolge i.S.v. § 407 II

Der Inhalt des Strafbefehlsantrags entspricht dem notwendigen Inhalt des Strafbefehls, da bei Erlass einfach der vom Richter unterschriebene Antrag zugestellt wird. Inhalt des Strafbefehls ist:

- Anklageschrift, in persönlicher Anrede geschildert („Sie fuhren am…“ ohne ein wesentliches Ergebnis der Ermittlungen, § 409 I Nr. 1-7, vgl. Nr. 176 RiStBV)
- Rechtsfolgenfestsetzung gem. § 407 II und dazu gehörende Begründung der Strafzumessung
- Kostenentscheidung, § 464 I

Trainieren Sie mindestens einmal das Verfassen eines Strafbefehls, der eigentlich nur eine Mischung aus der Anklageschrift und der Strafzumessung des Urteils ist. So erschrecken Sie im Examen nicht vor einer ungewöhnlichen Aufgabenstellung und können dann auch diese Herausforderung erfolgreich meistern.

Der Staatsanwalt hat neben der Anklage auch die Möglichkeit das Verfahren einzustellen. Dabei ist die Trennung zwischen den einzelnen prozessualen Taten zu beachten. Die Einstellung kann dabei vorläufig oder endgültig sein, sie kann auch auf verschiedenen Gründen basieren.

Welche Einstellungsgründe gibt es und wie sind ihre jeweiligen Wirkungen?

HEMMER-METHODE zu ÜK 36

Einstellungsgründe

- 1. kein Tatverdacht, § 170 II
- 2. Verfahrenshindernis
  - dauernd, § 170 II
  - vorübergehend, § 154f
- 3. trotz Tatverdacht
  - geringe Schuld ohne Auflagen, § 153
  - unwesentliche Nebenstraftat, § 154
  - geringe Schuld geg. Auflagen, § 153a

Die anderen Einstellungsmöglichkeiten der §§ 153 ff., bei denen grundsätzlich ein hinreichender Tatverdacht besteht, spielen in der Klausur regelmäßig keine Rolle.
Daneben gibt es die Möglichkeit, innerhalb einer prozessualen Tat die Strafverfolgung auf bestimmte Straftatbestände zu beschränken, § 154a. Dabei handelt es sich aber nicht um eine Einstellung, da die prozessuale Tat ja dennoch angeklagt wird. Es wird lediglich im Vermerk dargelegt, dass einige Straftatbestände (vorläufig) ausgeklammert werden.
Die Einstellungen können entweder eine dauernde oder nur eine vorläufige Wirkung entfalten. Dabei kann man sich grundsätzlich merken, dass die Einstellung in der Praxis vielfach nur bezüglich § 170 II tatsächlich endgültig ist – auch hier können allerdings im Einzelfall später neue Erkenntnisse auftauchen, die eine Wiederaufnahme des eingestellten Verfahrens rechtfertigen. Einen Strafklageverbrauch hat die Einstellung nach § 170 II jedenfalls nicht zur Folge (vgl. M-G/S § 170 Rn. 9). Die anderen Einstellungen sind entweder von vorneherein nur vorübergehend oder eine spätere Anklage ist zumindest unter bestimmten Voraussetzungen noch möglich. Siehe dazu im Einzelnen die folgenden Karten für die jeweiligen Einstellungsvorschriften.

Merken kann man sich an dieser Stelle auch die etwas schwer verständliche Regelung des § 153a. Diese ist eigentlich eine vorläufige Einstellung – aber nur, bis die Auflagen und Weisungen erfüllt sind. Damit entsteht von selbst ein dauerndes Verfahrenshindernis in den Grenzen des § 153a I S. 5. Eine Verfolgung der Tat bleibt also möglich, wenn sich im Nachhinein herausstellt, dass ein Verbrechen vorlag.

Vorläufige Einstellung gem. § 154f StPO

Eine Einstellung trotz eines eigentlich bestehenden hinreichenden Tatverdachts kann möglich sein, wenn ein vorübergehendes Verfahrenshindernis vorliegt. Denn dann kann das Ziel der Anklage – nämlich die Durchführung einer Hauptverhandlung – derzeit nicht erreicht werden.

Unter welchen Voraussetzungen kommt eine Einstellung nach § 154f in Betracht?

1. Es besteht grundsätzlich ein hinreichender Tatverdacht i.S.v. § 170 I.
2. Der Hauptverhandlung steht ein vorübergehendes Hindernis tatsächlicher oder rechtlicher Art entgegen; Bsp.: Abwesenheit des Angeklagten oder ein anderes in seiner Person liegendes Hindernis
3. Wegen des hinreichenden Tatverdachts besteht ein Fortsetzungswille der Staatsanwaltschaft, Nr. 104 I S. 1 RiStBV.

Rechtsfolge: Der Staatsanwalt muss den Wegfall des Hindernisses in regelmäßigen Zeitabständen prüfen und nach Wegfall Anklage erheben.

Formulierungsbeispiel:

Staatsanwaltschaft Würzburg

12 Js 345/11

Verfügung:

I. Das Verfahren gegen den Beschuldigten wird nach § 154f vorläufig eingestellt.
Begründung: Der derzeitige Aufenthaltsort des Beschuldigten ist nicht ermittelbar.

II. Mitteilung von I. formlos an den Antragsteller.

III. Es wird angeordnet, den derzeitigen Aufenthaltsort des Beschuldigten zu ermitteln.

IV. Wiedervorlage zur Überprüfung spätestens am 30.07.2021.

03.05.2021

Unterschrift Staatsanwalt

Nach § 154d kann das Verfahren so lange vorläufig eingestellt werden, bis über eine zivilrechtliche oder verwaltungsrechtliche Vorfrage entschieden wird. Dies wird dadurch erreicht, dass der Staatsanwalt dem Anzeigeerstatter eine Frist setzt, innerhalb der diese Entscheidung herbeizuführen ist. Nach § 154e soll während der Anhängigkeit eines Straf- oder Disziplinarverfahrens wegen der angezeigten Tat von einer öffentlichen Klage wegen falscher Verdächtigung oder Beleidigung abgesehen werden.

Was ist der Zweck dieser beiden Einstellungsmöglichkeiten?

Zweck der Einstellung gem. §§ 154d, 154e

Prozessökonomie im Strafverfahren

Staatsanwaltschaft soll nicht als Ermittler des Anzeigeerstatters „missbraucht" werden bzw. in parallelen Verfahren denselben Sachverhalt ermitteln müssen.

Vermeidung von Widersprüchlichkeiten

Die Verfahren sind voneinander unabhängig, es können also immer unterschiedliche Ergebnisse herauskommen. Dies ist bei einer zeitlichen Nacheinanderschaltung unwahrscheinlicher.

Ergibt sich kein hinreichender Tatverdacht hinsichtlich jeder ermittelten prozessualen Tat, ist das Verfahren insofern gemäß § 170 II einzustellen.

Woraus kann sich das Fehlen eines hinreichenden Tatverdachts ergeben?
Was bedeutet die Einstellung nach § 170 II?

Einstellung aus tatsächlichen Gründen

Tatsächliche Gründe liegen immer dann vor, wenn der Sachverhalt nicht bewiesen werden kann – entweder weil er sich im Nachhinein anders als zunächst angenommen herausstellt, die Beweise nicht ausreichen oder ein Beweisverwertungsverbot besteht.

Einstellung aus rechtlichen Gründen

Eine Einstellung aus rechtlichen Gründen liegt vor, wenn der ermittelte Sachverhalt rechtlich keine Strafbarkeit begründet, also entweder kein Straftatbestand erfüllt ist, ein Rechtfertigungs-, Entschuldigungs-, oder Strafaufhebungsgrund besteht oder dauernde Verfahrenshindernisse der Verurteilung entgegenstehen.

Die Einstellung nach § 170 II ist das Gegenteil zur Anklage, es gilt der Grundsatz: Alles was nicht angeklagt werden kann, muss nach § 170 II eingestellt werden (bis auf die Ausnahmen der anderweitigen Einstellungen). Es muss nach dieser Norm eingestellt werden. Es reicht nicht aus, das Verfahren einfach nicht weiter zu verfolgen, da jedes durchgeführte Ermittlungsverfahren zu einem formellen Abschluss kommen muss. Dies ist im Interesse der Beteiligten, die das Ergebnis des Verfahrens erfahren möchten, erforderlich.

Die Einstellung des Verfahrens muss verfügt und immer begründet werden. Dabei kann diese Begründung sehr kurz ausfallen, wenn der Grund der Einstellung offensichtlich ist. Bei komplizierten Beweis- oder Rechtsfragen ist genauer darzustellen, warum eingestellt wird.

Wie ist die Begründung einer Einstellung nach § 170 II aufzubauen?

1. „Kopf“: zuständige Staatsanwaltschaft, Aktenzeichen, Datum
2. Personalien und Gegenstand der Einstellung
3. Begründung:
   a) Angabe, was dem Beschuldigten zur Last gelegt wurde
   b) Einlassung des Beschuldigten
   c) Ermittlungsergebnis
   d) Fundierte Darlegung der rechtlichen oder tatsächlichen Gründe der Einstellung
   e) Gegebenenfalls Hinweis auf Unberührtheit zivilrechtlicher Ansprüche
   f) Mitteilungen
   g) Bei vollständiger Einstellung: Weglegen, gegebenenfalls Wiedervorlage
   h) Unterschrift des Staatsanwalts

Lernen Sie solche Schemata nicht auswendig. Versuchen Sie, die dahinterstehende Logik zu verstehen und den Aufbau durch Training zu verinnerlichen. Nutzen Sie unterstützende Hilfsmittel wie das Gesetz, den Kommentar und die RiStBV (soweit als Hilfsmittel zugelassen).

Gemäß §§ 171, 170 II S. 2 sind unter bestimmten Voraussetzungen Anzeigeerstatter und Beschuldigter von der Einstellung zu benachrichtigen.

Wann sind diese Benachrichtigungen vorzunehmen und was müssen sie enthalten?

Beschuldigter, § 170 II S. 2

Voraussetzungen

Benachrichtigung, wenn:

⇨ er als Beschuldigter vernommen wurde
⇨ gegen ihn ein Haftbefehl erlassen wurde
⇨ er um einen Bescheid gebeten hat
⇨ besonderes Interesse an der Mitteilung besteht
⇨ gegen ihn eine Strafverfolgungsmaßnahme vollzogen wurde, §§ 2, 9 I S. 4 StrEG, Nr. 91 I S. 2 RiStBV

Antragsteller, § 171

Benachrichtigung immer, außer:

⇨ er legt erkennbar keinen Wert darauf
⇨ er hat sein Recht auf Mitteilung verwirkt

Form und Inhalt:

Beschuldigter:

⇨ grundsätzlich formlos, außer bei Möglichkeit von Maßnahmen nach dem StrEG
⇨ grundsätzlich ohne Begründung, Nr. 88 S. 1 RiStBV, außer wegen erwiesener Unschuld
⇨ bei mehreren Beschuldigten nur hinsichtlich der Tat, hinsichtlich der er beschuldigt wurde

Antragsteller:

⇨ grundsätzlich formlos, außer wenn er gleichzeitig Verletzter ist
⇨ mit Rechtsbehelfsbelehrung, wenn ein Klageerzwingungsverfahren möglich ist (nicht bei Privatklagedelikten!)
⇨ immer nur diejenige prozessuale Tat, wegen der er Strafantrag gestellt hat

Formulierungsbeispiel:

„III. Mitteilung von II. an den Antragsteller Hans Müller, Hauptstr. 123, 97070 Würzburg, mit Beschwerdebelehrung förmlich zuzustellen.
IV. Mitteilung von I. und II. formlos an den Beschuldigten.“

Der examenstypischste Fall ist, dass einige prozessuale Taten und einige Tatteile eingestellt werden, der Rest des Sachverhalts angeklagt wird, um sowohl Verfügung wie auch Anklageschrift abprüfen zu können. In dieser Situation gilt es, eine Verfügung zu erstellen mit den erforderlichen Einstellungen und einem Vermerk über die Straftatbestände, die sich innerhalb der anzuklagenden Taten nicht erfüllt haben oder nach § 154a eingestellt werden. Neben den Mitteilungen enthält dieser Vermerk dann noch den Hinweis auf die Anklageerhebung unter Nennung des zuständigen Gerichts.

Welche Sachverhaltskonstellationen führen zu einer Teileinstellung?

Teileinstellung

Mehrere Beschuldigte, von denen sich nur ein Teil hinreichend verdächtig gemacht hat.

sachlicher Zusammenhang

Ein Beschuldigter, der nur hinsichtlich eines Teils der prozessualen Taten, die Gegenstand des Ermittlungsverfahrens sind, hinreichend verdächtig ist.

persönlicher Zusammenhang

kumulativ

Mehrere Beschuldigte, von denen sich nur einige hinreichend verdächtig gemacht haben und auch diese nur hinsichtlich eines Teils der ihnen vorgeworfenen Taten.

sachlicher und persönlicher Zusammenhang

In diesen Konstellationen ist wie auf der Vorderseite dargestellt vorzugehen. Dabei ist bei mehreren Taten und Beschuldigten darauf zu achten, dass die Beschuldigten und der Antragsteller jeweils nur von den für sie relevanten Taten Mitteilung erhalten.

Stirbt der Beschuldigte, verliert das strafrechtliche Verfahren – im Gegensatz etwa zum zivilrechtlichen, das mit den Rechtsnachfolgern fortgeführt werden kann – seinen Sinn. Da es sich jedoch beim Ermittlungsverfahren um ein förmliches Verfahren handelt, ist fraglich, ob man es damit einfach auf sich beruhen lassen kann oder ob es auch in diesem Fall förmlich abgeschlossen werden muss. In der Klausur ist dieser Fall am ehesten in der Konstellation denkbar, dass einer von mehreren Beschuldigten während des Verfahrens verstirbt und das Verfahren gegenüber den anderen Beschuldigten fortgeführt wird.

Wie ist beim Tod des Beschuldigten vorzugehen?

Nach inzwischen herrschender Ansicht ist das Verfahren immer zu einem formellen Abschluss zu bringen. Es endet mit dem Tod nicht, wie früher angenommen, automatisch. Der Tod des Beschuldigten ist lediglich ein Verfahrenshindernis wie die dauernde Verhandlungsunfähigkeit o.ä., er bedeutet, dass gegen den Beschuldigten ein Urteil verfahrensrechtlich nicht mehr möglich ist.

Wie bei jedem anderen dauernden Verfahrenshindernis auch erfolgt daher die Einstellung nach § 170 II.

In diesem Fall der Einstellung kann die Begründung ausgesprochen kurz ausfallen:

Das Verfahren gegen den Beschuldigten XY wird gem. § 170 II eingestellt, weil er während des Verfahrens verstarb. Damit steht dem Verfahren ein dauerndes Verfahrenshindernis entgegen, da gegen einen verstorbenen Beschuldigten kein Strafverfahren durchgeführt werden kann.

Wenn nicht durch den Bearbeitervermerk ausgeschlossen, besteht trotz hinreichenden Tatverdachts die Möglichkeit der Einstellung nach §§ 153 ff. Lesen Sie diese Vorschriften durch, um sich einen Überblick zu verschaffen und sich in der Klausur gegebenenfalls an diese Möglichkeit zu erinnern.

Die klausurrelevanteste Variante ist – da es für einen Klausurbearbeiter in aller Regel schwer ist, die Geringwertigkeit der Schuld gem. §§ 153, 153a zu beurteilen – die Einstellung nach § 154 oder die Beschränkung der Verfolgung gem. § 154a.

Wodurch unterscheiden sich § 154 und § 154a?

Mehrere prozessuale Taten

⇨ Einstellung einer dieser Taten nach § 154

⇨ Verortung in einer eigenständigen Einstellungsverfügung

Rechtsfolge:

Vorläufige Einstellung

Für den Fall, dass hinsichtlich der verfolgten Taten keine Verurteilung erfolgt, ist eine neue Anklage hinsichtlich der eingestellten Tat möglich.

Eine prozessuale Tat

⇨ Beschränkung der Verfolgung hinsichtlich bestimmter Straftatbestände, § 154a

⇨ Verortung i.R.d. Vermerks

Rechtsfolge:

Vorläufige Beschränkung

Für den Fall, dass sich die anderen Straftatbestände nicht bewahrheiten, ist im selben Verfahren ein Rückgriff auf diese Delikte möglich.

Nutzen Sie diese Einstellungsmöglichkeiten, wenn nicht durch Bearbeitervermerk ausgeschlossen, da sie Ihnen die Arbeit erleichtern können. Insbesondere § 154a kann die Bearbeitung der Anklageschrift erheblich verkürzen, wenn ein Teil des Sachverhalts sehr lang und schwierig darzustellen ist, aber einen an sich im konkreten Fall völlig unbedeutenden Straftatbestand betrifft.

Bei hinreichendem Tatverdacht kann auch dann eingestellt werden, wenn die Schuld des Täters gering ist und kein öffentliches Interesse an der Verfolgung besteht, oder aber das öffentliche Interesse durch Auflagen und Weisungen befriedigt werden kann. Dies ist insbesondere dann der Fall, wenn der Inhaber des Rechtsguts erkennbar keinen Wert auf Verfolgung legt, im Falle des § 153a, wenn die Rechtsgutsverletzung und das Unrecht des Täters durch Auflagen und Weisungen „wiedergutgemacht" werden können. Hier empfiehlt es sich insbesondere i.R.d. Strafstation, einen Einblick in den Umgang der Praxis mit diesen Vorschriften zu gewinnen. Dort bekommt man am besten ein Gefühl dafür, wann eine Einstellung nach § 153 oder § 153a angebracht ist.

Was sind die Voraussetzungen einer Einstellung nach § 153 bzw. § 153a?

§ 153	§ 153a
Vergehen, § 12 II StGB Geringe Schuld Kein entgegenstehendes öffentliches Interesse Zustimmung des Gerichts (Ausnahme: § 153 I S. 2)	Vergehen Geringe Schuld Ausgleichbarkeit des bestehenden öffentlichen Interesses Zustimmung des Gerichts Zustimmung des Beschuldigten

Wichtig ist bei § 153a, dass eine Einstellung nach dieser Norm nur vorläufig ist und erst mit Erfüllung der Auflagen und Weisungen gemäß § 153a I S. 5 ein eingeschränkter Strafklageverbrauch eintritt.

Die Privatklagedelikte sind in § 374 I Nr. 1-8 abschließend aufgezählt. Wenn ein solches Delikt in der Klausur eine Rolle spielt, können sich i.R.d. Abschlussverfügung folgende Probleme stellen:

- ob dennoch durch die Staatsanwaltschaft Anklage zu erheben ist
- welche Rechtsfolgen es hat, wenn die Staatsanwaltschaft die Anklageerhebung ablehnt
- wie eine Tat, bei der sowohl Offizial- als auch Privatklagedelikte zusammentreffen, zu behandeln ist oder
- wie sich das Vorliegen eines Privatklagedelikts auf mögliche Rechtsbehelfsbelehrungen auswirkt.

Welche Rechtsfolgen hat das Vorliegen eines Privatklagedelikts?

1. Anklageerhebung: Die Staatsanwaltschaft kann trotz Vorliegens eines Privatklagedelikts Anklage erheben, wenn an der Strafverfolgung ein öffentliches Interesse im Sinne des § 376 besteht. Dieses ist vom besonderen öffentlichen Interesse zu unterscheiden, das gegebenenfalls einen Strafantrag ersetzen kann. Öffentliches Interesse in diesem Sinne liegt vor (vgl. Nr. 86 II RiStBV), wenn

   - der Rechtsfrieden über den Lebenskreis des Verletzten hinaus gestört ist und
   - die Strafverfolgung ein gegenwärtiges Anliegen der Allgemeinheit ist.

   Das Bestehen des öffentlichen Interesses ist somit eine weitere Prozessvoraussetzung, deren Vorliegen im Gutachten darzustellen ist und auf die auch i.R.d. Anklageschrift hinzuweisen ist.

2. Keine Anklageerhebung: Verneint die Staatsanwaltschaft das öffentliche Interesse, erhebt sie keine Anklage. Dann besteht die Möglichkeit für den Verletzten, Privatklage gem. §§ 374 ff. zu erheben. Die Staatsanwaltschaft stellt das Verfahren gem. § 170 II ein, da die Prozessvoraussetzung des öffentlichen Interesses nicht vorliegt.

Bedenken Sie dabei: Bei einem Privatklagedelikt besteht nicht die Möglichkeit des Klageerzwingungsverfahrens, § 172 II S. 3. Daher wird bei einer Einstellung aus diesem Grund der Verletzte nicht über diese Möglichkeit belehrt und die Mitteilung muss deshalb auch nicht förmlich erfolgen.

Der Grund hierfür ist, dass dem Verletzten gerade die Möglichkeit der Privatklage offensteht und kein Grund ersichtlich ist, warum er die Klage erzwingen können sollte, wenn er genauso gut Privatklage erheben kann.

Eine besondere Problematik stellt sich, wenn in einem Sachverhalt sowohl Privat- als auch Offizialdelikte auftauchen. Einfach ist es ist dagegen, wenn im Rahmen einer prozessualen Tat nur Privatklagedelikte oder nur Offizialdelikte zu prüfen sind. Dann wird der hinreichende Tatverdacht hinsichtlich aller Taten geprüft. Bei den Privatklagedelikten wird zusätzlich das öffentliche Interesse geprüft. Besteht es, wird angeklagt. Wenn nicht, wird deshalb eingestellt und eine formlose Mitteilung an den Verletzten angeordnet.

Was gilt für eine Kollision zwischen Privatklage- und Offizialdelikt innerhalb einer prozessualen Tat?

Grundsatz: „Vorrang des Offizialdelikts“

Das bedeutet:

- hinreichender Tatverdacht hinsichtlich beider Delikte:
  Anklage unabhängig vom öffentlichen Interesse, Privatklagedelikt wird mitverfolgt
- hinreichender Tatverdacht hinsichtlich keines der Delikte:
  Einstellung nach § 170 II und Belehrung wegen des Klageerzwingungsverfahrens
- hinreichender Tatverdacht nur hinsichtlich des Offizialdelikts:
  Anklage unabhängig vom öffentlichen Interesse, Privatklagedelikt wird im Vermerk besprochen
- hinreichender Tatverdacht nur hinsichtlich des Privatklagedelikts:

  ⇨ öffentliches Interesse gegeben:
  Anklage, Offizialdelikt wird im Vermerk behandelt

  ⇨ kein öffentliches Interesse:
  Einstellung nach § 170 II, Belehrung wegen des Klageerzwingungsverfahrens
  (Privatklage ist wegen des Vorrangs des Offizialdelikts nicht möglich)

Merken Sie sich als Schlagwort den „Vorrang des Offizialdelikts“.

Abschlussverfügung mit Hilfsgutachten

Inhaltlich ergeben sich bei der Variante „Abschlussverfügung mit Hilfsgutachten" keine Unterschiede zum oben Dargelegten. Allerdings verändern sich der Aufbau und daher auch das klausurtaktische Vorgehen erheblich. Es sind, da nicht alle Fragen vorab gutachtlich geklärt werden können, Aufspaltungen des Sachverhalts zwischen Einstellungsverfügungen, Aktenvermerken, wesentlichem Ergebnis der Ermittlungen, Anklageschrift und Hilfsgutachten vorzunehmen – und das lediglich auf der Basis einer Gliederung.

Welches Vorgehen führt zu einer sicheren Klausurlösung?

1. Lösungsskizze: Vorherige Einteilung in prozessuale Taten und Entscheidung hinsichtlich aller möglichen Straftatbestände
2. Einstellungsverfügung: Einstellung aller prozessualer Taten, hinsichtlich derer keinerlei hinreichender Tatverdacht besteht; kurze Begründungen, meist im Urteilsstil
3. Anklageschrift:
   - zunächst Vermerk in der Verfügung erstellen hinsichtlich der Straftatbestände, die innerhalb einer prozessualen Tat nicht angeklagt werden (etwas ausführlicherer Urteilsstil)
   - Sachverhaltsdarstellung in der Anklage
   - das Hilfsgutachten stellt den Schwerpunkt dieser Bearbeitung dar – Erörterung der beweiserheblichen und rechtlichen Probleme der angeklagten Straftatbestände

Die Aufbauprobleme dieser Variante lassen sich am besten am Fall üben – etwa durch das Durcharbeiten der Musterklausur 2 im hemmer/wüst-Skript „Klausurentraining Strafprozess", vor allem aber durch das eigenständige Lösen von Aufgabenstellungen dieser Art.

Die Revision ist ein Rechtsmittel gegen Strafurteile - erstinstanzliche Urteile sowie Berufungsurteile. In der Revisionsinstanz werden nur Rechtsfragen geprüft, d.h. es erfolgt keine Neuverhandlung und es werden keine tatsächlichen Feststellungen mehr hinsichtlich der angeklagten Tat getroffen. Vielmehr wird nur überprüft, ob das angefochtene Urteil „rechtlich richtig“ ist. In Betracht kommt in der Klausur eine der folgenden Varianten:

1. Gutachten vor oder nach einer eingelegten, aber noch nicht begründeten Revision
2. Gutachten zu den Erfolgsaussichten einer eingelegten und begründeten Revision
3. Fertigung einer Revisionsbegründungsschrift mit Hilfsgutachten

Was kann die Revisionsinstanz überprüfen, was nicht?

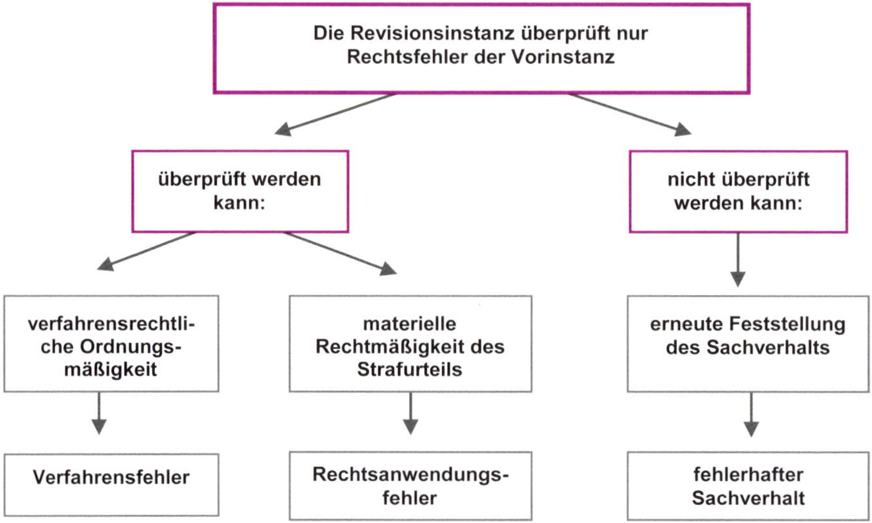

Innerhalb jeder Klausurvariante ist darauf zu achten, dass nur die Richtigkeit der Rechtsanwendung überprüft werden kann. Es wird überprüft, ob revisible Verfahrensfehler der Vorinstanz vorliegen bzw. das materielle Recht falsch angewandt wurde. In einer Revisionsklausur den erstinstanzlich festgestellten Sachverhalt verbessern zu wollen, etwa Beweise anders zu würdigen, ist ein grober Fehler.

Folgende Bearbeitervermerke können bei dieser Klausurvariante auf den Bearbeiter zukommen:

1. „In einem umfassenden Gutachten ist zu den Erfolgsaussichten der Revision Stellung zu nehmen."

2. „Es ist ein Gutachten dazu zu erstellen, ob Rechtsverstöße vorliegen, die eine Revision begründen."

Was ist in welcher Variante zu überprüfen?

Variante 1:

In Variante 1 ist ein umfassendes Gutachten zu verfassen, d.h. die Zulässigkeit und Begründetheit der Revision zu prüfen. Am Ende ist noch eine kurze Zusammenfassung der Ergebnisse anzufertigen.

I. Zulässigkeit der Revision

1. Statthaftigkeit
2. Rechtsmittelberechtigung
3. Beschwer
4. Kein Verzicht
5. Form und Frist der Einlegung
6. Form und Frist der Begründung

II. Begründetheit der Revision

1. Von Amts wegen zu beachtende Verfahrensvoraussetzungen oder -hindernisse
2. Prüfung von Verfahrensfehlern
3. Prüfung von Rechtsanwendungsfehlern

III. Zusammenfassung zu den Erfolgsaussichten

Vorschlag eines Antrags zur Revisionsbegründung

Form und Frist der Einlegung sowie der Begründung

Variante 2:

In Variante 2 ist nicht die Zulässigkeit der Revision zu prüfen, sondern nur die Begründetheit.

In der Zulässigkeitsprüfung ist stets nur Problematisches ausführlicher zu erörtern.

Der erste Punkt i.R.d. Zulässigkeitsprüfung ist die Statthaftigkeit der Revision. Diese ergibt sich aus den §§ 333, 335.

Welche Probleme können sich i.R.d. Statthaftigkeit der Revision stellen?

Statthaftigkeit der Revision - immer nur gegen abschließende, bereits verkündete Urteile

§ 333
- erstinstanzliche Urteile des LG
- erstinstanzliche Urteile des OLG
- Berufungsurteile

→ Revision immer statthaft

§ 335
- erstinstanzliche Urteile des AG

→ Revision oder Berufung?

- zunächst unbestimmte Anfechtung des Urteils
  ⇨ ausdrückliche Wahl der Revision bis zum Ende der Revisionsbegründungsfrist, § 345, möglich
  ⇨ falls keine Wahl erfolgt: **Berufung**
- Einlegung mehrerer Rechtsmittel, § 335 III:
  ⇨ grds. als Berufung zu behandeln
  ⇨ Ausn.: nach Rücknahme oder Verwerfung als unzulässig lebt der Antrag auf Revision auf

→ Annahmebedürftigkeit?

- BGH: nein, keine Annahme (Revision betrifft andere Fragen), str.

Voraussetzung ist zunächst immer ein verkündetes (§ 268 II S. 1), abschließendes Urteil. Bei Einlegung eines Rechtsmittels gegen ein amtsgerichtliches Urteil gilt es, Folgendes zu beachten: Die Berufung ist als umfassenderes Rechtsmittel gegenüber der Revision vorrangig, d.h. ohne konkrete Festlegung oder bei mehrfacher Einlegung wird grundsätzlich von einer Berufung ausgegangen.

Wenn der Angeklagte gegen eine Verurteilung oder der Staatsanwalt gegen einen Freispruch Revision einlegt, ist ihre Berechtigung unproblematisch. Schwieriger gestaltet sich die Frage, wenn etwa der Verteidiger ohne Wissen des Angeklagten oder der Nebenkläger Revision einlegt.

Wer ist zur Einlegung der Revision berechtigt?

Rechtsmittelberechtigung

Zu Gunsten des Angeklagten
- Angeklagter, § 296
- Verteidiger, § 297
- Staatsanwalt, § 296 II

Zu Lasten des Angeklagten
- Privatkläger, § 390
- Nebenkläger, § 401
- Staatsanwalt, § 296

Eingeschränkt: Nebenbeteiligte, z.B. §§ 427 I S. 1, 400 I

Besonderheiten:

1. Verteidiger:

- Grundsätzlich wirkt seine Vollmacht fort ⇨ er kann selbst Rechtsmittel einlegen
- Bei widersprüchlichem Willen von Angeklagtem und Verteidiger geht der des Angeklagten vor, § 297

2. Staatsanwaltschaft: Die Staatsanwaltschaft ist als einzige Partei befugt, sowohl zu Gunsten wie auch zu Lasten des Angeklagten Rechtsmittel einzulegen (vgl. § 296 II).

Verlieren Sie zur Rechtsmittelberechtigung grundsätzlich nicht viele Worte, hier genügt grundsätzlich ein Paragrafenzitat. Etwas anderes gilt nur in problematischen Fällen.

Das Erfordernis der Beschwer stellt eine besondere Form des Rechtsschutzinteresses dar. Grundsätzlich gilt: Nur wer durch ein Urteil beschwert ist, kann auch ein berechtigtes Interesse an dessen Aufhebung haben.

Dabei kann die Beschwer nur aus dem Tenor, nicht aus den Urteilsgründen abgeleitet werden.

Wer ist unter welchen Voraussetzungen durch das Urteil beschwert?

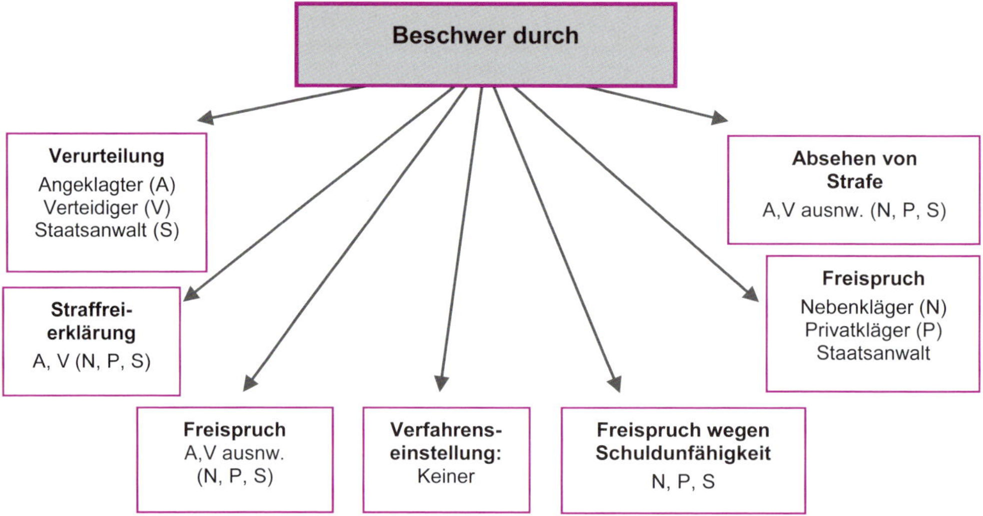

Die Beteiligten sind grundsätzlich nur dann beschwert, wenn das Urteil für sie nachteilig ist. Etwas anderes gilt nur für den Staatsanwalt. Dieser ist durch jedes fehlerhafte Urteil beschwert und kann daher immer Rechtsmittel einlegen, § 296.

Das Rechtsmittel der Revision kann gemäß § 302 zurückgenommen bzw. auf dieses kann verzichtet werden.

Was sind die Voraussetzungen für einen wirksamen Verzicht bzw. für die Rücknahme einer Revision?

Besonderheiten bei der Wirksamkeit:

	Verzicht:	**Rücknahme:**
Erklärender:		
Angeklagter	Verhandlungsfähigkeit	Verhandlungsfähigkeit
(die Erklärung des Angeklagten betrifft auch die vom Verteidiger eingelegten Rechtsmittel)		
Verteidiger	besondere Ermächtigung für den Verzicht	ausdrückliche Ermächtigung für die Rücknahme § 302 II
Staatsanwalt	Verzicht auf Rechtsmittel der StA möglich	nur bei Rechtsmitteln, die er zu Lasten des Angeklagten eingelegt hat bei Rechtsmitteln, die er zu Gunsten des A eingelegt hat, gilt § 302 I S. 3
Zeitpunkt:	nicht vor Entscheidungserlass (aber vor Urteilsbegründung)	bis zur Entscheidung über das Rechtsmittel
Form:	wie die Revisionseinlegung, § 341 ohne Bedingung	wie die Revisionseinlegung, § 341 ohne Bedingung

Verzicht oder Rücknahme können bei wesentlichen Mängeln unwirksam sein.
Ist dem Urteil eine Verständigung vorausgegangen, ist ein Verzicht ausgeschlossen, § 302 I S. 2.

Einlegung der Revision heißt lediglich, dem Gericht anzuzeigen, dass gegen das Urteil das Rechtsmittel der Revision eingelegt wird. Davon ist deren Begründung streng zu unterscheiden. Die Einlegung der Revision ist in § 341 I geregelt.

Es ist zu beachten, dass bei einem Rechtsmittel gegen ein amtsgerichtliches Urteil bis zum Ablauf der Revisionsbegründungsfrist noch gewählt werden kann, ob damit eine Berufung oder Revision gemeint ist. Vorher genügt, wenn jedenfalls angezeigt wird, dass ein Rechtsmittel eingelegt wird.

Wie sind Form und Frist der Einlegung zu prüfen?

1. Form und Inhalt: Erklärung zu dem Gericht, dessen Entscheidung angefochten wird (= iudex a quo)

„schriftlich"

- **schriftliche Erklärung**
  - dass die Entscheidung angefochten wird
  - wer die Entscheidung anficht
- **Unterschrift nicht zwingend, wenn die Auslegung ergibt, dass ein Rechtsmittel gewollt ist**
- **Telefax oder Telegramm reicht aus**

„zu Protokoll der Geschäftsstelle"

- **mündliche Erklärung**
  - vor dem zuständigen Beamten
  - gegen welche Entscheidung
  - welches Rechtsmittel eingelegt wird
- **auch zu Protokoll der Hauptverhandlung aber nicht vor Urteilsverkündung**

Sonderform für inhaftierten Angeklagten, § 299

2. Frist: 1 Woche

- **Berechnung: §§ 42, 43**
- **Beginn: Verkündung des Urteils**

in Anwesenheit des Angeklagten, § 341 I

⇨ am darauffolgenden Tag

in Abwesenheit des Angeklagten, § 341 II

⇨ am darauffolgenden Tag (Ausn.: § 37 II)

- **Ende: In der folgenden Woche mit Ablauf des Wochentags entsprechend dem des fristauslösenden Ereignisses - außer bei Samstag, Sonntag und Feiertag: Mit Ablauf des darauffolgenden Werktags**

Berechnungsbeispiel: Der Angeklagte entfernte sich am 14.05.2021 während der Urteilsverkündung eigenmächtig aus dem Gerichtssaal. Dennoch wurde das Urteil verkündet. Das vollständige Urteil wurde dem Angeklagten am 18.05.2021, dem Verteidiger am 25.05.2021 zugestellt. Die Frist endet mit Ablauf des 01.06.2021 (§ 43 I). Es spielt keine Rolle, dass das Entfernen eigenmächtig erfolgte. Bei der – wenn hier auch unnötigen – doppelten Zustellung ist immer auf § 37 II (vgl. § 341 II) zu achten.

Setzen Sie im Rahmen Ihrer Vorbereitung einen Schwerpunkt auf das Einüben der Berechnung verschiedener Fristen. Nahezu in jedem Examenstermin wird eine solche Berechnung – sei es im Zivilrecht, im Strafrecht oder im Öffentlichen Recht – von Ihnen gefordert. Fehler in diesem Bereich wirken sich im Hinblick auf die immense Bedeutung von Fristen in der Praxis regelmäßig gravierend aus.

Da an dieser Stelle das Gutachten vor der begründeten Revision geprüft wird, ist in dieser Klausurvariante auf die Details von Form und Frist der Begründung nicht einzugehen. Es genügt grundsätzlich ein kurzer Hinweis, welche Voraussetzungen für eine form- und fristgerechte Begründung zu erfüllen sind.

Wo und wie sind Form und Frist der Revisionsbegründung geregelt?

1. Form (§ 344)

a) **Adressat:** iudex a quo

b) **Schriftlich**

c) **Rechtsmittel des Angeklagten:** von einem Verteidiger unterschrieben oder zu Protokoll der Geschäftsstelle

d) **Rechtsmittel des Privatklägers / Nebenklägers:** von einem Rechtsanwalt unterschrieben, § 390 II (analog)

e) **Inhalt:** mind. eine zulässige Rüge - für die Zulässigkeit genügt die zulässig erhobene Sachrüge (vgl. KK 94)

2. Frist (§ 345 I)

1 Monat „nach Ablauf" der Frist des § 341 I (Alt. 1) oder 1 Monat nach vollständiger Urteilszustellung (Alt. 2)

Problem 1: Aus der ersten Alternative folgt ein „Leertag" (str.). Denn die Frist des § 341 endet **mit Ablauf** des bezeichneten Wochentags, die Frist des § 345 beginnt damit erst mit dem darauffolgenden Tag - der Tag dazwischen ist der so genannte „Leertag".

> **Beispiel:** Frist des § 341 endet mit Ablauf des 10.10., die Frist des § 345 beginnt erst „nach Ablauf" dieser Frist. Da die Frist am 10.10. noch bis 24 Uhr läuft, ist die Frist erst am 11.10. abgelaufen. Die Revisionsbegründungsfrist gemäß § 345 I S. 1 beginnt damit am 11.10. und endet gemäß § 43 I am 11.11., 24 Uhr (vgl. BGHSt 36, 241 f.).

Problem 2: Die Urteilszustellung erfolgt fehlerhaft, ohne Protokoll oder es erfolgt eine mehrfache Zustellung - die Frist beginnt erst mit Zustellung eines vollständigen Urteils, Mängel der Zustellung sind gegebenenfalls heilbar, gem. § 37 II ist die letzte von mehreren Zustellungen maßgeblich.

Setzen Sie sich anhand eines Kommentars und weiterführender Literatur insbesondere mit der Fristberechnung auseinander und üben Sie diese selbst an einigen Beispielen – eine korrekte Fristberechnung gehört in der Klausur zum grundlegenden Handwerkszeug.

Die Revision kann begründet sein, zum ersten, weil ein von Amts wegen zu berücksichtigend Verfahrenshindernis vorliegt, zum zweiten, weil ein Verfahrensfehler vorliegt und somit formelles Recht verletzt wurde (Verfahrensrüge), oder zum dritten, weil sachliches, materielles Recht verletzt wurde (Sachrüge). Untergliedern Sie insofern unbedingt Ihre Klausurlösung (vgl. KK 50).

Die Begründetheitsprüfung beginnt mit den von Amts wegen zu beachtenden Prozessvoraussetzungen und Verfahrenshindernissen - soweit der Sachverhalt dazu in irgendeiner Weise Anlass gibt.

Es gibt positive Prozessvoraussetzungen, die für die Verfolgung vorliegen müssen (etwa der Strafantrag) oder negative Verfahrenshindernisse (wie etwa die Verjährung), deren Vorliegen die Verfolgung verhindert. Achten Sie hierauf bei der Formulierung.

Das Fehlen einer Prozessvoraussetzung oder das Vorliegen eines Verfahrenshindernisses führt bei einer zulässigen Revision zur Einstellung des Verfahrens von Amts wegen.

Obwohl von Amts wegen zu beachten, spricht man dies auch in der Revisionsbegründung an.

Im Gutachten steht natürlich ohnehin außer Frage, dass jedes aus dem Sachverhalt in Betracht kommende Problem zu erörtern ist.

Welche Prozessvoraussetzungen oder Verfahrenshindernisse sind vor allem relevant?

- ⇨ sachliche Unzuständigkeit
- ⇨ fehlender Strafantrag
- ⇨ entgegenstehende Rechtshängigkeit oder Strafklageverbrauch
- ⇨ fehlende oder unwirksame Anklage und / oder Eröffnungsbeschluss
- ⇨ Verjährung
- ⇨ Verhandlungsunfähigkeit
- ⇨ gegebenenfalls auch Unzulässigkeit einer vorherigen Berufung

Klausurtipp: Die möglichen Prozesshindernisse sind bei M-G/S Einl. Rn. 141 ff. ausführlich dargestellt. Orientieren Sie sich hieran in der Klausur, soweit in Ihrem Bundesland die Benutzung des Kommentars zulässig ist.

Gemäß § 6 ist davon auszugehen, dass die fehlende sachliche Zuständigkeit ein Verfahrenshindernis darstellt. Da zum Teil vertreten wird, dass die fehlende sachliche Zuständigkeit einen Verfahrensfehler darstellt, ist die Verortung als Verfahrenshindernis mit einem kurzen Hinweis auf das Gesetz zu begründen.

Wie ist die sachliche Zuständigkeit im Revisionsverfahren zu prüfen?

1. **Überprüfung seiner eigenen sachlichen Zuständigkeit durch das Revisionsgericht, §§ 121, 135 GVG**

2. **Überprüfung der sachlichen Zuständigkeit der ersten Instanz**

AG	LG
möglicher Verstoß gegen § 24 II GVG Unerheblich ist, wenn der Amtsrichter im Zuständigkeitsbereich des Schöffengerichts handelt, solange nicht willkürlich	möglicher Verstoß gegen § 74 GVG aber: nur bei willkürlicher Annahme der eigenen Zuständigkeit (M-G/S § 338 Rn. 32)

Rechtsfolge: Stellt das Revisionsgericht die sachliche Unzuständigkeit fest, hebt es nicht - wie sonst - das Urteil auf, sondern verweist an das zuständige Gericht, § 355.

Beachten Sie: Ein Verstoß gegen die örtliche oder funktionelle Zuständigkeit ist keinesfalls ein Verfahrenshindernis, sondern ein Verfahrensfehler.

Bei einigen Straftatbeständen des StGB ist für die Verfolgbarkeit Voraussetzung, dass ein Strafantrag gestellt wurde, vgl. z.B. § 123 II StGB. Dieser stellt somit eine echte Prozessvoraussetzung dar, deren Fehlen in jedem Stadium des Verfahrens zur Einstellung führt.

Allerdings kann bei einigen dieser Delikte der fehlende Strafantrag durch ein „besonderes öffentliches Interesse“ überwunden werden. Hat in der ersten Instanz die Staatsanwaltschaft bei einem solchen Delikt i.R.d. Anklage dieses Interesse (vgl. dazu den Rechtsgedanken des Nr. 86 II RiStBV) bejaht, müssen die Voraussetzungen des Strafantrags nicht mehr überprüft werden. Die Staatsanwaltschaft bejaht das Interesse konkludent damit, dass sie wegen dieses Delikts Anklage erhebt oder im Schlussantrag Verurteilung beantragt.

In allen anderen Fällen muss ein wirksamer Strafantrag gestellt sein, damit das Delikt verfolgbar ist (sog. „absolute“ Antragsdelikte).

Was sind die Voraussetzungen für die Wirksamkeit eines Strafantrags?

1. Zuständige Stelle, § 158 I

Die Stellen, vor denen der Strafantrag gestellt werden kann, sind abschließend in § 158 I aufgezählt.

2. Inhalt und Form des § 158 II

Der Antrag ist schriftlich - telegrafisch oder durch Fernschreiber ist ausreichend - zu stellen, dazu gehört grundsätzlich auch die Unterschrift des Antragstellers. Bei der Staatsanwaltschaft oder bei Gericht kann er auch zu Protokoll gestellt werden.

3. Antragsberechtigung, § 77 StGB

Zum Antrag berechtigt ist jedenfalls der durch die Tat Verletzte, also Träger des durch die Tat unmittelbar verletzten Rechtsguts. Andere als der Verletzte können in den Fällen des Abs. 2 (nach Versterben des Verletzten), Abs. 3 (Geschäftsunfähigkeit des Verletzten) und § 77a StGB (Dienstvorgesetzter) antragsberechtigt sein.

4. Antragsfrist, § 77b StGB

Die Antragsfrist beträgt in der Regel drei Monate und beginnt mit dem Ablauf des Tages, an dem der Berechtigte Kenntnis von Tat und Täter erlangt hat.

5. Keine Rücknahme, § 77d StGB

Der Strafantrag kann jederzeit während des Strafverfahrens zurückgenommen werden. Die zweifelsfreie Erklärung des Rücknahmewillens kann formlos vor der derzeit mit dem Verfahren befassten Stelle erfolgen.

In dieser Breite ist die Wirksamkeit des Strafantrags nur zu diskutieren, wenn einzelne Punkte problematisch sind. Sonst genügt ein kurzer Hinweis, dass ein wirksamer Strafantrag i.S.d. §§ 77 ff. StGB gestellt wurde.

Ein Verfahrenshindernis liegt vor, wenn der Angeklagte bereits wegen derselben prozessualen Tat rechtskräftig verurteilt worden ist. Dies ist eines der wichtigsten strafrechtlichen Grundprinzipien, vgl. auch Art. 103 III GG. Dasselbe gilt auch bei einer anderweitigen Rechtshängigkeit, die vorliegt, wenn über dieselbe prozessuale Tat bereits eine Hauptverhandlung eröffnet wurde. Auch aus manchen Einstellungsverfügungen kann sich ein Strafklageverbrauch ergeben.

Unter welchen Voraussetzungen ist von dem Verfahrenshindernis des Strafklageverbrauchs auszugehen?

1. Es muss um „dieselbe Tat“ gehen: Dies beurteilt sich nach dem prozessualen Tatbegriff, § 264

2. Urteil oder strafklageverbrauchende Einstellung

⇨ **Rechtskräftiges Urteil**
Sowohl ein Freispruch wie auch eine Verurteilung führen zum Strafklageverbrauch bezüglich der abgeurteilten Tat.

⇨ **Strafklageverbrauchende Einstellung**
Nicht jede Einstellung führt dazu, dass die Tat nicht wieder angeklagt bzw. das Verfahren nicht fortgeführt werden kann. Bei einer nur vorläufigen Einstellung ist jederzeit die Fortführung des Verfahrens möglich. Bei einer endgültigen Einstellung ist gegebenenfalls unter bestimmten Voraussetzungen ein neues Verfahren möglich, vgl. etwa § 153a I S. 5.

oder

2. Anderweitige Rechtshängigkeit

Rechtshängigkeit liegt vor mit der Eröffnung des Hauptverfahrens

Rechtsfolge des Strafklageverbrauchs und der anderweitigen Rechtshängigkeit ist, dass dieselbe prozessuale Tat nicht nochmal verfolgt werden kann. Hier ist also die Auseinandersetzung mit dem prozessualen Tatbegriff von grundlegender Bedeutung.

Weitere positive Verfahrensvoraussetzungen sind das Vorliegen einer wirksamen Anklage und eines wirksamen Eröffnungsbeschlusses – und zwar hinsichtlich genau der Tat, wegen der verhandelt wird.

Denn nur bei wirksamer Anklage der zu verhandelnden Tat hat der Angeklagte die Möglichkeit, sich umfassend und effektiv zu verteidigen – nur dann weiß er aufgrund der zugestellten Anklageschrift, was ihn im Verfahren erwartet und wie er den erhobenen Vorwürfen entgegentreten kann.

Bei Fehlen eines Eröffnungsbeschlusses hat die Hauptverhandlung überhaupt nicht wirksam begonnen, so dass sie eigentlich auch nicht wirksam durch ein Urteil beendet werden kann.

Wann liegt diese Prozessvoraussetzung nicht vor?

1. Inhalt und Form

- Anklageschrift
- Eröffnungsbeschluss: §§ 203, 207

2. Rechtsfolgen eines Mangels

- Anklage:

  (1) Unwirksamkeit, wenn prozessuale Tat, auf die sich Verfolgungswille bezieht, nicht klar bestimmbar (Umgrenzungsfunktion)

  (2) Unbeachtlichkeit bei übrigen Mängeln des Anklagesatzes, die auf die Individualisierung der Tat keinen Einfluss haben

  (3) Verurteilung wegen einer anderen als der ursprünglich angeklagten Tat möglich durch Nachtragsanklage, § 266

  (4) Mängel durch Änderungen im Eröffnungsbeschluss heilbar

- Eröffnungsbeschluss:

  (1) Fehlen des Eröffnungsbeschlusses = Verfahrenshindernis

  (2) Unwirksamkeit, wenn sich unwirksame Anklage unverändert in ihm fortsetzt

  (3) Unwirksamkeit wegen fehlender Unterzeichnung oder Mitwirkung

  (4) Mängel durch Nachholung in der Hauptverhandlung heilbar

Nur wenn keine Heilung vorliegt, muss in der Revisionsinstanz gegebenenfalls das Verfahren eingestellt werden.

Ein weiteres Verfahrenshindernis liegt bei dauernder Verhandlungsunfähigkeit des Angeklagten vor. Die Verhandlungsfähigkeit muss dabei zumindest in der Vorinstanz vorgelegen haben. Ob sie in der Revisionsinstanz vorliegen muss, ist strittig, da es ja eigentlich nicht mehr um eine sachliche Feststellung, sondern nur um eine rechtliche Überprüfung geht.

Jedenfalls wenn der Angeklagte in der Vorinstanz verhandlungsunfähig war, ist das Urteil aufzuheben.

Wann liegt Verhandlungsunfähigkeit vor?

Verhandlungsfähigkeit

Fähigkeit, in oder außerhalb der Verhandlung seine Interessen vernünftig wahrzunehmen, die Verteidigung in verständlicher und verständiger Weise zu führen und Prozesserklärungen abzugeben und entgegenzunehmen.
⇨ Verhandlungsunfähigkeit, wenn diese Fähigkeit nicht gegeben ist

ACHTUNG: Nicht mit der zivilrechtlichen Prozessfähigkeit verwechseln! Für das Strafrecht genügt eine natürliche Verstandes- und Einsichtsfähigkeit.

Sonderfall 1: Angeklagter ist so schwer erkrankt, dass mit sehr hoher Wahrscheinlichkeit zu erwarten ist, dass er vor dem erstinstanzlichen Urteil sterben wird ⇨ Einstellung wegen dauernder Verhandlungsunfähigkeit nach § 260 III durch Urteil.

Sonderfall 2: Angeklagter könnte aufgrund einer hinreichend sicheren Prognose bei und gerade wegen der Durchführung der Hauptverhandlung sterben oder schwerwiegende, irreparable Gesundheitsschäden erleiden ⇨ Einstellung wegen dauernder Verhandlungsunfähigkeit nach § 260 III durch Urteil.

Trennen Sie sorgfältig zwischen Verhandlungsfähigkeit in der Vorinstanz und in der Revisionsinstanz. Für den zweiten Fall zählt weniger das Ergebnis als eine argumentative Auseinandersetzung mit der Problematik. Es erscheint wohl unfair, ein fehlerhaftes Urteil der Vorinstanz aufrechtzuerhalten, nur weil der Angeklagte in der Revisionsinstanz verhandlungsunfähig ist und somit eigentlich ein Revisionsverfahren mangels Verhandlungsunfähigkeit nicht durchgeführt werden kann. Argumentieren Sie mit den Grundprinzipien des Strafprozesses (z.B. „fair-trial"-Grundsatz, vgl. Art. 6 I EMRK).

Die Begründetheit der Revision kann sich auch aus dem Vorliegen eines Verfahrensfehlers ergeben. Diese Überprüfung befasst sich mit der Verletzung von Verfahrensrecht - das sind alle Rechtsnormen, die den Weg des Richters zur Urteilsfindung bestimmen.

Eine Verletzung liegt insbesondere dann vor, wenn eine gesetzlich vorgeschriebene Handlung unterblieben, fehlerhaft vorgenommen oder wenn eine vorgenommene Verfahrenshandlung unzulässig ist.

Dabei ist zu berücksichtigen, dass das Revisionsgericht direkt nur das gerichtliche Verfahren der Vorinstanzen überprüft - Verfahrensfehler des Ermittlungsverfahrens werden nur indirekt überprüft, soweit sie sich im Gerichtsverfahren weiter ausgewirkt haben.

Wie ist die Verletzung von Verfahrensrecht von der Verletzung des materiellen Rechts abzugrenzen?

HEMMER-METHODE zu ÜK 63

Verfahrensrecht	Materielles Recht
▪ Regelung, die den prozessualen Weg zum Urteil betrifft	▪ Regelung, die den Inhalt des Urteils betrifft
▪ Fehler kann nicht allein aus dem Urteil erkannt werden, es sind weitere Akten (Verhandlungsprotokoll) nötig	▪ Fehler der allein aus dem Urteil selbst ersichtlich ist
▪ Fehler bei der Beweisaufnahme selbst	▪ Fehler nur bei der Beweiswürdigung

Beachten Sie: Ein Fehler bei der Beweisaufnahme, der sich auf die Beweiswürdigung auswirkt, wird nicht dadurch zu einem materiellen Rechtsfehler!

Diese Abgrenzung ist für eine richtige Verortung in der gutachtlichen Prüfung relevant. Unverzichtbar wird ein Verständnis dieser Abgrenzung beim Erstellen einer Revisionsbegründung, da zwischen Verfahrensrüge und Sachrüge erhebliche Unterschiede bestehen.

Gutachtlich ist nach der aufbautechnischen Verortung zu überprüfen, ob in einem bestimmten Verhalten ein Verfahrensfehler vorliegt und welche Auswirkungen er auf die Revision hat – führt er zur Begründetheit? Oder ist er geheilt worden? Oder ist der Fehler für das vorinstanzliche Urteil ohne Bedeutung gewesen und spielt damit für die Revision keine Rolle?

Dabei ist es, wie bei der Erstellung einer Revisionsbegründung auch, sinnvoll, sich an §§ 337, 338 zu orientieren. Deshalb können Sie die Verfahrensfehler, welche unter eine Ziffer des § 338 fallen, zuerst prüfen. Denn dann müssen Sie insoweit gar nicht erst auf die Beruhensfrage eingehen. Anschließend ist die Prüfung der restlichen in Betracht kommenden Fehler unter dem Stichwort „relative Revisionsgründe“ in § 337 vorzunehmen. Neben der Verletzung des Gesetzes müssen Sie zusätzlich feststellen, ob das Urteil darauf beruht.

Wie ist die Prüfung eines Verfahrensfehlers aufzubauen?

1. Verstoß gegen eine Verfahrensnorm

2. Beweisbarkeit, insbesondere durch das Hauptverhandlungsprotokoll, §§ 273, 274

3. Keine Heilung des Fehlers

4. Keine Verwirkung der Verfahrensrüge, etwa durch Präklusion

5. Beschwer des Revisionsführers durch den Verfahrensfehler (Rechtskreistheorie)

6. Verfahrensnorm ist mehr als bloße Ordnungsvorschrift

Beschäftigen Sie sich i.R.d. Revision frühzeitig mit der Beweiskraft des Hauptverhandlungsprotokolls. Die Einhaltung bzw. der Verstoß gegen wesentliche Förmlichkeiten der Hauptverhandlung ist nur durch dieses Protokoll beweisbar. Dabei reicht es allerdings nicht aus, wenn ein Verteidiger vorbringt, das Protokoll enthalte keinen Hinweis auf die Erteilung des letzten Wortes an den Angeklagten. Das wäre eine unzulässige Protokollrüge. Vielmehr muss er vortragen, es sei seinem Mandanten das letzte Wort nicht erteilt und somit gegen die Vorschrift des § 258 verstoßen worden, und sich zum Beweis dieser Behauptung auf das Hauptverhandlungsprotokoll berufen.

Beachten Sie, dass die Beweiskraft des Protokolls nicht „unbedingt" gilt. Der Große Senat des BGH hat entschieden, dass eine zulässige Berichtigung des Protokolls auch zum Nachteil des Beschwerdeführers einer bereits ordnungsgemäß erhobenen Verfahrensrüge die Tatsachengrundlage entziehen kann (vgl. Beschluss vom 23.04.2007, GSSt 1/06 = Life&LAW 01/2008, 27 ff.).

Sowohl im Gutachten wie auch später in der Revisionsbegründung bietet es sich an, die absoluten vor den relativen Revisionsgründen zu prüfen. Denn bei § 338 ist das Beruhen des Urteils auf diesem Fehler nicht mehr gesondert zu prüfen, so dass bei Vorliegen eines solchen Grundes die Revision immer begründet ist. Ein Richter prüft also diese Revisionsgründe zuerst und muss sich bei Vorliegen eines solchen keine Gedanken mehr darüber machen, ob das Urteil darauf beruht. Ein Richter beendet seine Prüfung an diesem Punkt, die Revision ist in diesem Fall begründet.

Auch wenn Sie im Gutachten Ihre Prüfung an diesem Punkt natürlich weiterführen müssen, bietet es sich dennoch an, den Weg der für den Richter üblichen Prüfung zu gehen – nicht zuletzt, weil dies der dem Korrektor vertraute Weg ist.

Was bedeutet die Vermutung des Beruhens in § 338?

Verfahrensfehler	Beruhen des Urteils auf dem Fehler	Urteil

Machen Sie sich an diesem Punkt Sinn und Zweck der Revision klar:

Die Revision ist ein Rechtsmittel, sie dient der Korrektur fehlerhafter Urteile. Rechtsmittel dienen dazu, falsche Ergebnisse zu korrigieren.

Dementsprechend ist die logische Konsequenz, dass nicht jeder kleinste Fehler einer Vorinstanz zu einer Urteilsaufhebung führen kann – denn es ist gerade nicht der Zweck, die Vorinstanz für ihre Fehler zu bestrafen, sondern Fehler zu korrigieren. Aufgrund dessen führen Fehler grundsätzlich nur dann zur Aufhebung eines Urteils, wenn das Urteil aufgrund dieses Fehlers ebenfalls falsch ist.

Dies ist in der Realität aber nicht hundertprozentig nachweisbar – die Beweiswürdigung ist ein sehr komplexer Akt, in die Überzeugung des Richters von einer Tat fließen unterschiedliche Faktoren ein, der Weg zum Urteil ist ein Zusammenspiel formeller und materieller Regelungen. Es ist schwer nachweisbar, dass ein anderes Urteil das Ergebnis wäre, wenn ein bestimmter Beweis nicht erhoben worden wäre, ein befangener Richter nicht mitgewirkt hätte oder ein Verteidiger bei dieser Zeugenvernehmung dabei gewesen wäre.

Es kann also zum einen nicht verlangt werden, das Beruhen des Urteils auf dem Fehler hundertprozentig nachzuweisen, andererseits darf auch das Urteil nicht wegen eines Verfahrensfehlers aufgehoben werden, der offensichtlich keinerlei Einfluss auf das Urteil haben kann.

Dies wird i.R.d. Revision über §§ 337, 338 gelöst:

Bei **§ 337** muss der Revisionsführer zumindest die Möglichkeit nachweisen, dass das Urteil auf dem Fehler beruht. Das heißt, dass nicht ausgeschlossen sein darf, dass sich der Verfahrensfehler im Urteil niedergeschlagen hat.

Bei **§ 338** wird bei bestimmten, besonders schweren Verfahrensfehlern das Beruhen des Urteils auf diesem Fehler unwiderleglich vermutet. Diese Norm stellt also vor allem eine Beweiserleichterung für den Revisionsführer dar.

§§ 337, 338 sind also keine Regelungen bezüglich der Verfahrensfehler, sondern Beweisregelungen hinsichtlich der Beruhensfrage.

Die nicht vorschriftsmäßige Besetzung des erkennenden Gerichts ist ein absoluter Revisionsgrund, führt also zwingend zur Aufhebung des Urteils. Die ordnungsgemäße Besetzung des Gerichts ist im GVG und im DRiG geregelt, ein Verstoß gegen diese Vorschriften führt zur fehlerhaften Besetzung. Grundsätzlich fällt jeder Entzug des gesetzlichen Richters im Sinne des Art. 101 I S. 2 GG unter diese Norm.

Auch wenn ein Richter während der Verhandlung nicht ununterbrochen anwesend war, ist das Gericht nicht vorschriftsgemäß besetzt. Darunter fällt auch die geistige Abwesenheit, wenn etwa ein Richter oder ein Schöffe über einen längeren Zeitraum eingeschlafen ist. Auch dann ist das erkennende Gericht nicht während der gesamten Verhandlung ordnungsgemäß besetzt, dieser Fall stellt somit keinen Fall des § 338 Nr. 5, sondern des § 338 Nr. 1 dar.

Welche Einschränkungen gelten für diese Bestimmung?

1. **Verstoß gegen den gesetzmäßigen Richter nach der Geschäftsverteilung:** Diese Fallgruppe wird insoweit eingeschränkt, als ein Verstoß gegen die ordnungsgemäße Besetzung auf Willkür beruhen muss. Der BGH sieht von einer Urteilsaufhebung ab, wenn ein ausdrücklich gesetzliches Gebot oder Verbot zwar rechtsirrig, aber vertretbar ausgelegt worden ist.
2. **Mängel der Geschäftsverteilung:** Im Einzelfall spielt – außer bei Willkür, vgl. oben – ein Verstoß gegen die interne Geschäftsverteilung keine Rolle für die Gesetzmäßigkeit der Besetzung. Eine Rüge ist aber gegen die Gesetzmäßigkeit der Aufstellung und Abänderung des Geschäftsverteilungsplans möglich.
3. **Unrichtige Schöffenbesetzung:** Eine Rüge ist dann nicht möglich, wenn der Fehler aus der Sphäre außerhalb des Gerichtsbereichs stammt.
4. **Unaufmerksamkeit eines Richters:** Dies stellt keinen Verstoß gegen die ordnungsgemäße Besetzung dar. Im Gegensatz zu dem Fall, dass ein Richter oder Schöffe über einen längeren Zeitraum eingeschlafen ist, ist in diesem Fall noch nicht von einer Abwesenheit des Richters auszugehen.
5. **Rügepräklusion:** §§ 222a, 222b schränken den Anwendungsbereich dieser Rüge erheblich ein (vgl. § 338 Nr. 1 HS 2). Vor dem LG oder OLG muss die fehlerhafte Besetzung vor der ersten Vernehmung des Angeklagten zur Sache gerügt werden. Ansonsten ist das Rügerecht verwirkt. Dies gilt jedoch nicht, wenn der Mangel erst im Laufe des Verfahrens entsteht.

§ 338 Nr. 1 ist detailliert in M-G/S § 338 Rn. 5 ff. kommentiert. Da diese Fallgruppe in den Übungsklausuren nicht so oft behandelt wird, empfiehlt sich hier, soweit zulässig, eine strukturierte Aufbereitung des Kommentars, um in der Klausur den Fall mit dem Kommentar schnell lösen zu können.

Weitere absolute Revisionsgründe sind die Mitwirkung eines ausgeschlossenen oder befangenen Richters und die Entscheidung des unzuständigen Gerichts.

Diese Revisionsgründe sind grundsätzlich durch exakte Subsumtion lösbar.

Wichtig bei Nr. 2 ist, dass es bei der Mitwirkung eines gesetzlich ausgeschlossenen Richters nicht notwendig ist, einen Antrag vor Gericht zu stellen, während aber die Rüge nach Nr. 3 nur nach einem vorherigen Befangenheitsantrag möglich ist. Ob diesem stattgegeben oder ob er zu Unrecht abgelehnt wurde, ist daher unerheblich.

Da die sachliche Unzuständigkeit ein Verfahrenshindernis darstellt, kommt bei der Rüge nach Nr. 4 nur die örtliche oder die funktionelle Unzuständigkeit in Betracht.

In welchen Normen sind die Verfahrensfehler, die zu diesen Revisionsgründen führen, geregelt?

§§ 22, 23, 31, 148a IIS. 1Ausschluss von Richter oder Schöffe	§§ 24 ff., 31 Befangenheit von Richter oder Schöffe	§§ 25 ff., 74 ff. GVG, 6a funktionelle Zuständigkeit	§§ 7 ff., 16 örtliche Zuständigkeit

Bei diesen Verfahrensfehlern ist genau darauf zu achten, ob die Rügemöglichkeit in der Vorinstanz verloren gegangen ist - etwa, weil kein Befangenheitsantrag gestellt wurde oder § 28 nicht beachtet wurde (bei den Richtern der Hauptsache kann die Mitwirkung nur mit der Revision geltend gemacht werden, § 28 II S. 2, bei anderen Richtern, die zwar nicht erkennend sind, aber dennoch mitgewirkt haben, muss zunächst eine Beschwerde eingelegt werden, § 28 II S. 1).

Die Rüge der örtlichen Unzuständigkeit setzt die rechtszeitige Erhebung des Einwands nach § 16 voraus. Auch bei der funktionellen Unzuständigkeit – die ohnehin nur bei Willkür beachtlich ist, vgl. oben – ist erforderlich, dass der Angeklagte in der Vorinstanz schon eine Rüge erhoben hat, § 6a.

Bedenken Sie, dass die sachliche Unzuständigkeit zu einem Verfahrenshindernis führt, also nicht i.R.d. absoluten Revisionsgründe zu überprüfen ist!

Der absolute Revisionsgrund des § 338 Nr. 5 ist gegeben, wenn eine Person, die in der Hauptverhandlung anwesend sein musste, dort während eines wesentlichen Teils nicht anwesend war.

Für Richter und Schöffen ist Nr. 1 vorrangig. Examensrelevant ist vor allem die Abwesenheit des Staatsanwalts, des Angeklagten (§ 230), des Verteidigers bei notwendiger Verteidigung (§ 140) und gegebenenfalls eines Dolmetschers (§ 185 GVG).

Welche Fallgruppen der Abwesenheit können dabei jeweils eine Rolle spielen? Was stellt einen wesentlichen Teil der Hauptverhandlung dar?

Staatsanwalt	Angeklagter	Verteidiger	Dolmetscher
Es muss nicht die ganze Hauptverhandlung derselbe Staatsanwalt anwesend sein, nur überhaupt „die Staatsanwaltschaft“. Wichtige Fallgruppe: Vernehmung des StA als Zeuge und kein anderer Staatsanwalt anwesend.	Der Angeklagte muss anwesend sein, wenn keine gesetzliche Ausnahmeregelung gem. §§ 231 ff. greift. Wichtige Fallgruppe: Entfernung gem. § 247. Dies ist nur bei wirksamem Beschluss nach Anhörung der Beteiligten und nur für die Dauer der Vernehmung zulässig.	Liegt ein Fall der notwendigen Verteidigung i.S.d. § 140 vor, muss während der Hauptverhandlung ein Pflichtverteidiger anwesend sein. Dieser muss auch verhandlungsfähig sein.	Die Notwendigkeit eines Dolmetschers ergibt sich aus § 185 GVG, ein bereits zugezogener muss immer anwesend sein.

Wesentlicher Teil der Hauptverhandlung:

Ein absoluter Revisionsgrund liegt nur vor, wenn die Abwesenheit bei einem wesentlichen Teil der Hauptverhandlung vorlag. Zu dieser Einteilung zwischen wesentlich und unwesentlich gibt es eine breite Rechtsprechung, lesen Sie dazu M-G/S § 338 Rn. 36 ff.

Nicht wesentlich sind etwa der Aufruf der Zeugen zu Beginn der Hauptverhandlung und ihre Belehrung, die Verkündung von Beschlüssen, die mündliche Eröffnung der Urteilsgründe.

Beachten Sie bei § 247: Oft wird über die Vereidigung entschieden, bevor der Angeklagte wieder zur Verhandlung zugelassen wird. Diesbezüglich hat der Große Senat des BGH entschieden, dass die Verhandlung über die Entlassung eines Zeugen kein Teil der Vernehmung im Sinne des § 247 ist. Die fortdauernde Abwesenheit eines nach § 247 während einer Zeugenvernehmung entfernten Angeklagten bei der Verhandlung über die Entlassung des Zeugen begründet regelmäßig den absoluten Revisionsgrund des § 338 Nr. 5, vgl. BGH, Beschluss vom 21.04.2010, GSSt 1/09 = Life&LAW 01/2011, 41 ff.

§ 338 Nr. 6 sichert den Öffentlichkeitsgrundsatz des § 169 GVG. Dabei erfordert § 169 GVG die Öffentlichkeit der Hauptverhandlung, auch ein während der Hauptverhandlung eingenommener Augenschein hat öffentlich zu erfolgen. Ortstermine nur dann, wenn der Hausrechtsinhaber der Öffentlichkeit den Zutritt gestattet. Nicht öffentlich müssen Beweisaufnahmen im Ermittlungsverfahren oder durch den beauftragten oder ersuchten Richter sein.

Ein absoluter Revisionsgrund des § 338 Nr. 6 liegt nur dann vor, wenn die Öffentlichkeit unzulässig beschränkt wird und dieses vom Gericht zu vertreten ist.

Der gegenteilige Fall, eine unzulässige Massenöffentlichkeit, welche die Menschenwürde des Angeklagten verletzt, kann gegebenenfalls einen relativen Revisionsgrund i.S.d. § 337 darstellen.

Wann liegt eine unzulässige Beschränkung der Öffentlichkeit vor?

1. Verstoß gegen § 169 GVG: Beschränkung der Öffentlichkeit, vom Gericht zu vertreten

Beispiel: Gericht schließt Tür des Verhandlungsraums ab, verlegt die Verhandlung ohne Bekanntgabe

2. Unzulässiger Ausschluss gem. §§ 171a ff. GVG

Verstoß gegen das Ausschlussverfahren (Begründungspflicht, § 174 I S. 3 GVG) reicht grundsätzlich aus. Allerdings hat der BGH in neuerer Rechtsprechung entschieden, dass dies nicht ausreichend ist, wenn ein Beruhen des Urteils darauf denkgesetzlich ausgeschlossen ist.

Verstoß (+), wenn der angegebene Ausschlussgrund nicht vorliegt

Das Öffentlichkeitsprinzip ist eines der wesentlichen Grundprinzipien des Strafprozesses. Es dient der Kontrolle der Gerichte, entstammt also dem Rechtsstaatsprinzip. Wegen dieser Relevanz sind Einschränkungen der Öffentlichkeit daher eng auszulegen und es ist immer auf die Verhältnismäßigkeit zu achten.

Der absolute Revisionsgrund des § 338 Nr. 7 spielt in der Klausur praktisch keine Rolle.

§ 338 Nr. 8 stellt eine Ausnahme zu den übrigen Revisionsgründen der Norm dar, da hier genau dargelegt werden muss, dass die Verteidigung in einem wesentlichen Punkt beschränkt wurde. Dies ist nur der Fall, wenn die Beschränkung einem anderen absoluten Revisionsgrund ihrem Gewicht nach gleichsteht, und bei Fehlern, bei denen die konkrete Möglichkeit eines kausalen Zusammenhangs zwischen dem Verfahrensverstoß und dem Urteil besteht.

Da gerade die letzte Voraussetzung dem „Beruhen" des Urteils i.S.d. § 337 gleichsteht, handelt es sich de facto um einen relativen Revisionsgrund.

Wann kommt ein Verstoß gegen § 338 Nr. 8 in Betracht?

1. Beschränkung der Verteidigungsmöglichkeit

2. Wesentlichkeit der Beschränkung:
   ⇨ Gewicht mit anderen absoluten Revisionsgründen vergleichbar
   ⇨ Möglichkeit eines kausalen Zusammenhangs zwischen Verstoß und Urteil

Immer dann möglich, wenn das verletzte Gebot die Fürsorgepflicht des Gerichts gegenüber dem Angeklagten regelt oder das Gebot des fairen Verfahrens sichern soll.

3. Gerichtsbeschluss, gegebenenfalls nach § 238 II beantragt

Beispiele:

⇨ Verweigerung der Akteneinsicht des Verteidigers

⇨ Ablehnung von Beweisanträgen des Angeklagten ohne jede inhaltliche Prüfung

Wenden Sie diese Norm in der Examensklausur nur zurückhaltend an. Die meisten Beeinträchtigungen der Verteidigung sind nicht auf einen Gerichtsbeschluss zurückzuführen und fallen daher nicht unter diese Norm. Wenn Sie § 338 Nr. 8 bejahen können, können Sie genauso § 337 begründen und fahren damit in der Regel sicherer.

Relative Revisionsgründe liegen immer dann vor, wenn eine Verfahrensnorm, die das Hauptverfahren regelt, verletzt wurde und auf dieser Regelung das Urteil beruhen kann.

Das bedeutet, dass zum einen der Gesetzesverstoß geprüft werden muss, und daneben zum anderen dargestellt werden muss, ob das Urteil überhaupt auf diesem Verstoß beruht.

Fehler außerhalb der Hauptverhandlung (Ermittlungs- und Zwischenverfahren) können eine Revision nur dann begründen, wenn sie sich im Urteil fortgesetzt haben, § 336. Allerdings ist die Geltendmachung dann nicht möglich, wenn die Entscheidung kraft Gesetzes unanfechtbar ist oder nur mit einer sofortigen Beschwerde angreifbar war.

In welchem Verhältnis steht § 336 zu § 305?

Vermeidung von Verfahrensverzögerungen und doppelten Prüfungen mit Beschwerde und Revision

§ 305

Alle Entscheidungen, auf denen nicht das Urteil beruht und die in keinem sachlichen Zusammenhang stehen, müssen sofort mit der Beschwerde angegriffen werden - alle anderen sind durch § 305 von der Beschwerde ausgeschlossen.

§ 336

Alle Entscheidungen, auf denen das Urteil beruht und die im sachlichen Zusammenhang mit ihm stehen, sind mit der Revision angreifbar und konnten vorher auch nicht mit der Beschwerde angegriffen werden.

Für die Rechtsprechung ist der Eröffnungsbeschluss alleinige Grundlage des Hauptverfahrens. Davor liegende gerichtliche Entscheidungen können in der Revision nur dann überprüft werden, wenn ihre Wirkungen noch bis zum Urteil andauern.

Dasselbe gilt für Gesetzesverletzungen der Ermittlungsbehörden. Dabei greift zwar nicht § 336, da es sich nicht um gerichtliche Entscheidungen handelt. Allerdings kann § 337 auch nur dann vorliegen, wenn das Urteil auf der Gesetzesverletzung beruht - diese muss also in jedem Fall bis zum Urteil fortwirken. Dies ist in der Regel dann der Fall, wenn ein von den Ermittlungsbehörden vorgebrachter Beweis unter einem Gesetzesverstoß erlangt wurde und dieser Verstoß zu einem Verwertungsverbot führt - und das Gericht den Beweis dennoch verwertet hat.

Sehen Sie diese Regelungen wieder im Lichte des Zwecks der Revision: Korrektur eines fehlerhaften Urteils.

In einer Klausur können verschiedene relative Revisionsgründe in Betracht kommen. Es können Fehler des Ermittlungsverfahrens, die im Urteil fortwirken, und alle Fehler der Hauptverhandlung, die nicht schon von § 338 erfasst sind, zu prüfen sein.

Die Prüfung eines Verfahrensfehlers verläuft dabei wie in KK 64 dargestellt.

An dieser Stelle können nicht alle in Betracht kommenden Verfahrensfehler dargestellt werden. Verschaffen Sie sich während Ihrer Strafrechtsstation ein sicheres Basiswissen über die zu beachtenden Normen im Ermittlungs- und Hauptverfahren und erarbeiten sich diese von Anfang an mit dem Kommentar - dann sind auch unbekannte Rechtsverstöße in der Klausur zu bewältigen. Wichtig ist hier vor allem, mögliche Verstöße zu erkennen und diese dann zügig lösen zu können. Lesen Sie dazu etwa Hemmer/Wüst, Strafprozessrecht, Rn. 30 ff., um sich einen Überblick über den ordnungsgemäßen Verlauf eines Verfahrens zu verschaffen.

Welche möglichen Verfahrensverstöße spielen in Revisionsklausuren oft eine Rolle?

Fehler im Ermittlungsverfahren	Fehler in der Hauptverhandlung
⇨ Beschuldigtenvernehmung	⇨ Belehrung und Vernehmung Angeklagter
⇨ Zeugenvernehmung	⇨ Zeugenvernehmung
⇨ Durchsuchungen von Personen oder Wohnungen	⇨ Vereidigung der Zeugen
⇨ körperliche Untersuchungen	⇨ Urkundenverlesungen
⇨ Abhören von Telefon oder Wohnungen	⇨ Mitwirkung eines Dolmetschers
⇨ Beschlagnahme	⇨ Beweisanträge
⇨ Mitwirkung eines Verdeckten Ermittlers oder V-Manns	⇨ Aufklärungspflicht des Gerichts
	⇨ Schlussvorträge und letztes Wort

Daneben können auch Verfahrensverstöße im Urteil vorliegen, wenn das Urteil formal nicht den erforderlichen Voraussetzungen entspricht. Inhaltlich begründen Urteilsfehler aber zumeist die Sachrüge, weil durch diese regelmäßig der Urteilstenor falsch wird.

Die Fülle möglicher Fehler erscheint, wenn man sich mit den Anforderungen an einen Strafprozess beschäftigt, zunächst als kaum zu bewältigen. Verlangen Sie nicht von sich, jeden in Betracht kommenden Verfahrensfehler gelernt zu haben – im Examen werden einige bekannte Standardprobleme, aber immer auch Unbekanntes geprüft. Lernen Sie, in diesem Bereich – soweit zugelassen – mit dem Kommentar zu arbeiten und vor allem eigene Begründungen entwickeln zu können. Wichtig ist es, sich der Grundprinzipien und des Zwecks eines Strafprozesses bewusst zu sein und dieses Wissen argumentativ darstellen zu können.

Grundsätzliche Argumente sind dabei:

⇨ Pro Verwertbarkeit: Wahrheitsfindung im Strafprozess, staatliches Strafverfolgungsinteresse.

⇨ Contra Verwertbarkeit: Rechtsstaatsprinzip, Grundrechte des Beschuldigten, zentrale Rechte im Strafprozess (z.B. „nemo-tenetur"-Grundsatz, „fair-trial"-Grundsatz).

Themenverzeichnis

Themenverzeichnis

Abschlussverfügung - Einstellung

Abschlussverfügung - Besonderheiten

Revision

Themenverzeichnis

Themenverzeichnis

StrafR

S 4

Themenverzeichnis

StrafR

S 5

Strafurteil

Themenverzeichnis

Plädoyer des Staatsanwalts

Anwaltsklausur

V

W

Z

Die Assessor-Basics: Das Erfolgsprogramm
Ihr Training für das Assessorexamen

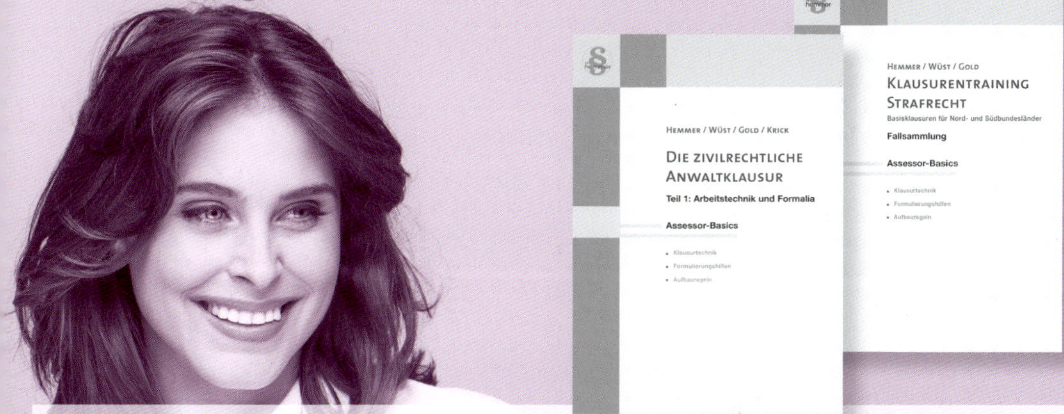

Unsere Assessorskriptenreihe richtet sich an die Kandidaten des Zweiten Staatsexamens. Der „Einsteiger" ins Referendariat soll mit den wichtigsten formellen und technischen Regeln der Assessorklausur vertraut gemacht werden. Die Reihe dient aber auch der kompakten Wiederholung der wesentlichen Dinge durch den bereits Fortgeschrittenen.

Wir unterteilen zwei Arten von Skripten im Assessorbereich, die jeweils paarweise miteinander korrespondieren:

■ Theorieskripten

In den Theorieskripten, die aber auch viele kleine praktische Beispielsfälle enthalten, wird die Leserin oder der Leser an die jeweilige Materie herangeführt.

■ Klausurentraining

In den Bänden Klausurentraining wird eine - in einer ganz besonderen didaktischen Form aufbereitete - Fallsammlung präsentiert.

DIE ÜBERBLICKSKARTEIKAR

Das Erfolgsprogramm - Ihr Training für das Assessorexamen

Die Assessorkarteikarten:

Ihr unentbehrlicher Begleiter für das Assessorexamen! Nutzen Sie die Überblickskarteikarten auch als Checkliste zur Kontrolle Ihres Wissens. In den Überblickskarteikarten für das Zweite Staatsexamen sind die wichtigsten Problemfelder der Examensklausuren im Zivil-, Straf- und Öffentlichen Recht knapp, präzise und übersichtlich dargestellt. Auf der Vorderseite führt ein Frageteil zum Problem hin. Die grafische Aufbereitung der Antwort auf der Rückseite schafft Überblick. Sie erfassen so effektiv das Wesentliche. Tenorierungen und Formulierungsbeispiele ermöglichen die praktische Umsetzung. Die Kommentierung mit der hemmer-Methode auf der Rückseite schafft das nötige Einordnungswissen für die Klausur.

ISBN 978-3-96838-042-1

9 783968 380421

Bei allen in Betracht kommenden Verfahrensfehlern ist außerdem zu berücksichtigen, ob der Revisionsführer sich auf den Fehler überhaupt noch berufen kann. Bei einigen Verfahrensfehlern muss nämlich entweder ein Beschluss nach § 238 II herbeigeführt oder ein Widerspruch nach § 257 eingelegt worden sein, damit man sich i.R.d. Revision auf diesen Fehler noch berufen kann. Dies dient dem Zweck der Prozessbeschleunigung. Damit sollen Fehler grundsätzlich in der Hauptverhandlung selbst geheilt werden, um den Gerichten den Umweg über die Revision und eine Zurückverweisung und damit einen ganz neuen Prozess zu ersparen.

Wann sind § 238 II bzw. § 257 erforderlich und wie unterscheiden sie sich?

§ 238 II	§ 257
⇨ Anordnung (nicht Unterlassen) des Vorsitzenden ⇨ Maßnahme zur Durchführung der Verhandlung, z.B. Ablehnung eines Beweisantrags durch den Vorsitzenden	⇨ Vernehmung eines Zeugen ⇨ Unzulässiger Inhalt der Vernehmung, z.B. Verstoß gegen § 136 oder § 252 durch Vernehmung der Verhörperson oder V-Manns

Wenn der Verteidiger des Angeklagten es unterlässt, in der Hauptverhandlung einen Gerichtsbeschluss gemäß § 238 II herbeizuführen (sog. „Zwischenrechtsbehelf") bzw. der Verteidiger nicht spätestens nach der einzelnen Beweiserhebung einen möglichen Verfahrensfehler rügt (vgl. § 257 II), kommt eine Präklusion in Betracht. Dadurch will die Rechtsprechung vor allem vermeiden, dass Verteidiger rechtsmissbräuchlich Verfahrensfehler gerade deshalb nicht beanstanden, um bei einem ungünstigen Urteil mit Erfolg Revision einlegen zu können.

Wichtig:

Das gilt nur, soweit ein Angeklagter anwaltlich vertreten wird. Eine Rügepräklusion wäre bei einem Angeklagten ohne Verteidiger allenfalls dann denkbar, wenn der Angeklagte vom Richter gerade auf die Möglichkeit der Präklusion in der Hauptverhandlung hingewiesen wird.

Instruktiv zur Pflicht des Verteidigers, der Verwertung von Erkenntnissen einer (rechtswidrigen) Telekommunikationsüberwachung zu widersprechen, siehe BGH, NJW 2006, 1361 ff. = Life&LAW 07/2006, 474 ff.
Zur Rügepräklusion, falls der Verteidiger gegen eine sachleitende Anordnung des Vorsitzenden nicht von der Möglichkeit des Zwischenrechtsbehelfs gemäß § 238 II Gebrauch gemacht hat, siehe BGH, NStZ 2007, 230 ff. = Life&LAW 06/2007, 387 ff.
Nach Rechtsprechung des BGH entfällt eine Rügepräklusion dagegen bei einem Verstoß gegen "zwingendes Verfahrensrecht".

Ein immer wieder auftauchendes Problem im Zusammenhang mit der Prüfung von Verfahrensfehlern – vor allem im Ermittlungsverfahren – ist das der Fortwirkung oder der Fernwirkung eines Verfahrensverstoßes. Dieses Problem stellt sich, wenn im Ermittlungsverfahren ein Verfahrensverstoß begangen wurde, der zur Unverwertbarkeit des unmittelbar erlangten Beweismittels führt. Fraglich ist, ob etwa auch weitere, spätere Aussagen des unzulässig vernommenen Beschuldigten unverwertbar sind oder ob Beweismittel verwertbar sind, die aufgrund von Hinweisen, die aus einer unverwertbaren Aussage entstammen, aufgefunden wurden.

Was bedeutet Fortwirkung und Fernwirkung, und führen sie zur Unverwertbarkeit eines Beweismittels?

Fortwirkung

Dasselbe Beweismittel (Beschuldigter, Zeuge) wird nach einer fehlerhaften Aussage (§§ 136, 136a) erneut vernommen, die Fehler der ersten Vernehmung wirken in der folgenden Vernehmung noch fort.

Beispiel: *Vernehmung unter Wirkung einer polizeilichen Drohung, am nächsten Tag Vernehmung durch Ermittlungsrichter. Dieser weist nicht darauf hin, dass die erste Vernehmung nicht verwertbar ist. Der Beschuldigte bestätigt seine Aussage vom Vortag.*

Rechtsfolge: Die Drohung wirkt auch noch in der späteren Vernehmung fort – deshalb muss eine qualifizierte Belehrung dahingehend erfolgen, dass Ergebnisse der ersten Vernehmung nicht verwertbar.

Wenn (-), dann im Einzelfall abzuwägen, ob Verfahrensfehler zu einem Beweisverwertungsverbot führt.

Fernwirkung

Ein anderes Beweismittel wird aufgrund von Hinweisen, die aus einer fehlerhaften Vernehmung stammen, aufgefunden.

Beispiel: *Beschuldigter gibt nach polizeilicher Folter an, wo er die Leiche vergraben hat. Diese wird mit Spuren, die auf den Beschuldigten als Täter hindeuten, aufgefunden. Anschließend widerruft der Beschuldigte sein Geständnis.*

Rechtsfolge: Strittig, ob das aufgefundene Beweismittel verwertbar ist. Die amerikanische „fruit-of-the-poisonous-tree“-Theorie gilt nach h.M. in Deutschland nicht. Grundsätzlich stehen deutsche Gerichte einer Fernwirkung vielmehr kritisch gegenüber (Argument: „Effektivität der Strafrechtspflege“).

Lehrreich zum Prinzip der Fernwirkung ist BGH, NJW 2006, 1361 ff. = Life&LAW 07/2006, 470 ff., sowie zur Abgrenzung von Fern- und Fortwirkung der bekannte “Von-Metzler-Fall”, siehe LG Frankfurt, StV 2003, 325 ff. = Life&LAW 08/2003, 573 ff. Instruktiv zur Fragestellung, wann ein Verstoß gegen die „qualifizierte Belehrungspflicht“ zu einem Beweisverwertungsverbot führt, siehe BGH, NStZ 2009, 281 ff. = Life&LAW 07/2009, 465 ff.

Die Fehler im Ermittlungsverfahren, die im Urteil fortwirken, sind in der Revisionsklausur von erheblicher Bedeutung. Dabei gilt für die Ermittlungsbehörden nicht § 336, sondern § 337. Das bedeutet, dass der Fehler im Ermittlungsverfahren sich im Urteil noch auswirken kann. Verortet werden diese Fehler dann unter einem Verstoß gegen § 261, wenn das Gericht Beweise verwertet, bezüglich derer ein Verwertungsverbot vorliegt.

Im Examen kommen oft Verwertungsverbote aufgrund von Fehlern bei der ersten Beschuldigtenvernehmung vor.

Was sind die Rechtsfolgen eines Verstoßes gegen § 136?

Anwendbarkeit des § 136

⇨ **Vernehmung: In der Regel nur bei Auskunftsverlangen durch amtliche Strafverfolgungsbehörden (Polizei, Staatsanwalt, Richter)**

⇨ **Beschuldigter (nicht bei Spontanäußerungen oder -geständnissen):**
Hinreichend konkreter Anfangsverdacht
Zielgerichteter Willensakt der Strafverfolgungsbehörden („Inkulpationsakt"); entbehrlich, wenn StA bzw. Polizei dem Betroffenen Beschuldigtenstellung bewusst vorenthält

Rechtsfolge: (gem. §§ 163a III S. 2 und IV S. 2 auch für Staatsanwalt und Polizei)

1. **Belehrung über das Schweigerecht**

   Ein Verstoß gegen diese Belehrungspflicht führt zu einem Verwertungsverbot; **Ausnahme:** Der Angeklagte hatte Kenntnis von seinem Aussageverweigerungsrecht; beachte ferner: Verwirkung der Rügemöglichkeit gem. § 257.

2. **Belehrung über das Recht zur Verteidigerkonsultation**

   Der Verstoß gegen diese Belehrungspflicht führt ebenfalls zu einem Verwertungsverbot (str.)

3. **Gesetzlich geregeltes Verwertungsverbot nach § 136a I, III S. 2; vor allem Abgrenzung zwischen verbotener Täuschung und kriminalistischer List; Hörfalle; Einsatz von Privatpersonen zum Aushorchen von Verdächtigen.**

Prüfen Sie immer genau, ob der Verfahrensfehler sich auch auf das Urteil auswirken konnte (sog. „Beruhensfrage", § 337).

Eine rechtswidrige Telekommunikationsüberwachung führt ebenfalls wegen der damit verbundenen hohen Grundrechtsintensität häufig zur Unverwertbarkeit der dadurch erlangten Beweismittel. Dabei ist gerade hier auf die Unterscheidung zwischen Fort- und Fernwirkung zu achten. Beweismittel, die aufgrund von Informationen aus der Telekommunikationsüberwachung mittelbar erlangt werden, sind grundsätzlich verwertbar.

Besondere Bedeutung hat das gesetzliche Beweisverwertungsverbot gemäß § 100d II S. 1: Erkenntnisse aus dem Kernbereich privater Lebensgestaltung, die durch eine Maßnahme nach den §§ 100a bis 100c erlangt wurden, dürfen nicht verwertet werden.

Welche informationstechnischen Ermittlungsmaßnahmen sind klausurrelevant und welche Besonderheiten gilt es insoweit zu beachten?

Informationstechnische Ermittlungsmaßnahmen der StPO

Telekommunikationsüberwachung, § 100a: Die sog. „Quellen-Telekommunikationsüberwachung" ermöglicht ein Abhören von Telekommunikation direkt an der Sende- bzw. Empfangsquelle. Bezugsgegenstand ist allein die „laufende" Telekommunikation (§ 100a V S. 1 Nr. 1 a) bzw. gespeicherte Kommunikationsinhalte, wenn diese während des laufenden Übertragungsvorgangs hätten überwacht werden dürfen (§ 100a I S. 3).

Online-Durchsuchung, § 100b: Diese Maßnahme ermöglicht es, sämtliche Inhalte informationstechnischer Systeme über das Internet unbemerkt auszulesen und zu speichern (mittels sog. „Staatstrojaner"). Im Unterschied zu § 100a können alle Daten – und nicht regelmäßig nur Kommunikationsvorgänge – ausgelesen werden, und dies auch rückwirkend, also auch solche Dateien, die vor dem Zeitpunkt der richterlichen Anordnung der Maßnahme gespeichert wurden.

Akustische Wohnraumüberwachung, § 100c: Diese Rechtsgrundlage ermöglicht das Abhören und die Aufzeichnung des nichtöffentlich gesprochenen Wortes ohne Wissen des Betroffenen („großer Lauschangriff"). Bei Gesprächen außerhalb des Wohnraums greift § 100f ein (sog. „kleiner Lauschangriff").

Besonderheiten

§ 100d: Sichergestellt werden soll, dass der Kernbereich privater Lebensgestaltung durch die grundrechtsintensiven Maßnahmen faktisch nicht leerläuft. Außerdem wird der Schutz der Zeugnisverweigerungsberechtigten spezifisch geregelt (§ 100d V).

§ 100e: Hier ist gebündelt das Verfahren bei Maßnahmen nach §§ 100a-100c normiert. Zu beachten gilt etwa die Vorschrift § 100e VI, welche als Spezialvorschrift hinsichtlich des Umgangs mit sog. Zufallsfunden für Maßnahmen nach §§ 100b, 100c fungiert.

§ 101: Diese Vorschrift enthält weitere verfahrensrechtliche Spezialregelungen. Hierunter fallen etwa besondere Benachrichtigungs- und Löschpflichten sowie ein spezifisches Rechtsmittel nach Beendigung der Maßnahmen (§ 101 VII S. 2-4).

Der „Große Lauschangriff“ steht beispielhaft für Vorschriften mit einer sehr hohen Grundrechtsintensität, da Bürger in ihrer Privatsphäre beobachtet und „belauscht“ werden. Bei Auslegung der §§ 100c ff. ist deshalb sicherzustellen, dass die verfassungsrechtlichen Rechte, allen voran Art. 13 GG, nicht leerlaufen.

Welche Voraussetzungen sind bei einer Maßnahme nach § 100c insbesondere zu beachten?

Voraussetzungen bei Anordnung eines Großen Lauschangriffs

a) Formell

§ 100e II: Besondere Zuständigkeiten sowie Vorgaben hinsichtlich Befristung bzw. Verlängerungsmöglichkeiten

§ 100e III, IV: Schriftform; Darstellung der Entscheidungsformel; Darlegung der wesentlichen Abwägungsgesichtspunkte (möglichst einzelfallbezogen!)

§ 100e V: Beendigungs- und Unterrichtungspflicht (vgl. ergänzend hierzu § 101)

b) Materiell

§ 100c I: Kumulatives Vorliegen aller Voraussetzungen nach Nr. 1-4

§ 100c II: Adressat der Maßnahme (vgl. ergänzend hierzu § 100d V)

§ 100d I-IV: Wahrung des Kernbereichs der privaten Lebensgestaltung (v.a.: Beachtung des gesetzlichen Beweisverwertungsverbots in § 100d II S. 1)

Wie stets gilt auch hier: Lernen Sie nicht jedes Detail auswendig, sondern üben Sie anhand des Gesetzes ein, die innere Systematik zu erfassen. Dann gelingt Ihnen auch in der Klausursituation eine überzeugende und strukturierte Lösung.

Bei anderen Fehlern im Ermittlungsverfahren gilt grundsätzlich dasselbe wie bei den oben dargestellten Problemfeldern. Arbeiten Sie mit dem Gesetz und dem Kommentar, trennen Sie zwischen formellen und materiellen Voraussetzungen und wenn Sie nicht wissen, ob ein Verstoß zur Unverwertbarkeit führt, versuchen Sie dies mit eigener Argumentation im Sinne einer Verhältnismäßigkeitsprüfung zu lösen.

Beachten Sie dabei auch folgende Klausurkonstellation: Das Gericht nimmt zu Unrecht einen Verstoß gegen eine Verfahrensnorm im Ermittlungsverfahren an - darin kann ein Verstoß gegen die Aufklärungspflicht liegen, vgl. dazu KK 88.

Weiteres klausurtypisches Problemfeld ist der Einsatz eines verdeckten Ermittlers, gelegentlich auch die Beschlagnahme von Gegenständen.

Welche Probleme können sich beim Einsatz eines verdeckten Ermittlers bzw. bei der Beschlagnahme von Gegenständen ergeben und wie sind sie zu lösen?

1. Einsatz von Verdeckten Ermittlern

⇨ Unterscheidung: Verdeckter Ermittler (= Polizeibeamter, § 110 a II) und V-Mann (Bürger, meist aus dem „Milieu“, der längerfristig Informationen an die Polizei weiterleitet).
⇨ Erfüllung der Voraussetzungen der §§ 110a ff.: formell, materiell, Rechtsfolgen eines Verstoßes.
⇨ Einsatz eines V-Manns führt nur zu einem Verwertungsverbot, wenn dadurch bewusst Schutzvorschriften zugunsten des Beschuldigten umgangen werden.
⇨ Einsatz eines „agent provocateur“ (Polizist, der zu Straftaten verleitet) kann dazu führen, dass hierdurch das Recht auf ein faires Verfahren (Art. 6 I EMRK) verletzt wird und dies zu einem Verfahrenshindernis führt (vgl. BGH, Urteil vom 10.06.2015 – 2 StR 97/14).

2. Beschlagnahme von Gegenständen

⇨ Primärer Angriff einer rechtswidrigen Beschlagnahme unter Verstoß gegen §§ 94 ff. oder gegen Art und Weise der Durchsuchung mit den Rechtsbehelfen nach § 304 oder § 98 II S. 2.
⇨ Verstöße gegen § 97 oder verfassungsrechtliche Bestimmungen (etwa bei einer Beschlagnahme von Tagebuchaufzeichnungen) können zu Verwertungsverboten führen.
⇨ Entsprechende Anwendbarkeit des § 97 bei Verteidigerschriftsätzen, die an den Beschuldigten gerichtet sind und sich in dessen Besitz befinden (fair-trial-Grundsatz).

Auch bei der Beschlagnahme von E-Mails auf dem Mailserver des Providers sind nach der Rechtsprechung die §§ 94 ff. heranzuziehen. Da es sich insoweit um eine offene Ermittlungsmaßnahme handelt, ist die Anordnung dem hiervon Betroffenen und Verfahrensbeteiligten bekannt zu machen (§§ 33 I, 35 II; vgl. BGH, Beschluss vom 04.08.2015 – 3 StR 162/15 = Life&LAW 03/2016, 180 ff.). Werden E-Mails etwa auf einem Computer des Verdächtigten nachträglich ausgelesen, handelt es um eine sog. Online-Durchsuchung (vgl. § 100b). Insoweit gilt es, sachgerecht zwischen den in Betracht kommenden Rechtsgrundlagen abzugrenzen.

Natürlich können i.R.d. Ermittlungs- oder Zwischenverfahrens noch weitere Fehler begangen werden, deren umfängliche Darstellung jedoch den Rahmen dieser Übersichtskarteikarten sprengen würde. Versuchen Sie durch Schreiben und Bearbeiten möglichst vieler Klausuren typische Probleme zu erkennen und erlernen Sie auch, mit unbekannten Problemen umgehen zu können.

Examensrelevant sind vor allem Fehler in der Hauptverhandlung. Aus diesem Grund empfiehlt es sich, den Aufbau und Ablauf einer ordnungsgemäßen Hauptverhandlung anhand von Übersichten aus Ihrer Referendarstation und i.R.d. staatsanwaltschaftlichen Sitzungsdienstes oder ausführlicher Literatur sich zu erarbeiten. Schulen Sie so Ihre Sensibilität im Hinblick auf mögliche Fehler beim Durchlesen eines Klausursachverhalts.

Welche typischen Fehler der Hauptverhandlung können in Revisionsklausuren auftauchen?

- ⇨ Einsatz eines V-Manns führt nur zu einem Verwertungsverbot, wenn dadurch bewusst Schutzvorschriften zugunsten des Beschuldigten umgangen werden
- ⇨ fehlerhafte Feststellung der Personalien des Angeklagten, § 243 II S. 2
- ⇨ unterlassene Verlesung des Anklagesatzes, § 243 III S. 1
- ⇨ fehlender Hinweis darauf, ob eine Erörterung gem. §§ 201a, 212 stattgefunden hat, § 243 IV S. 1
- ⇨ fehlender Hinweis auf die Äußerungsfreiheit des Angeklagten, § 243 V S. 1
- ⇨ unzulässige Nichtzulassung bestimmter Fragen an den Angeklagten, §§ 241, 238 II
- ⇨ Massenöffentlichkeit, Art. 1 I, 2 I GG
- ⇨ fehlende Belehrung des Dolmetschers, § 189 GVG
- ⇨ Fehler i.R.d. Beweisaufnahme, vgl. hierzu KK 83 ff.
- ⇨ unterlassener Hinweis i.S.d. § 265
- ⇨ Verwehrung des Rechts auf den Schlussvortrag oder das letzte Wort, § 258
- ⇨ Nicht-Stattfinden oder Teilnahme unbefugter Personen an der Beratung, § 193 GVG, § 260

Nicht jeder dieser Fehler führt zur Aufhebung des Urteils. Führen Sie sich nochmals den Ablauf einer systematischen Prüfung der Begründetheit einer Verfahrensrüge vor Augen: Verstoß gegen eine Verfahrensnorm, Beweisbarkeit (Protokoll), Beruhen des Urteils auf dem Fehler. Gerade der letzte Punkt ist dabei oft das Problem – das Urteil beruht zumeist nicht auf unwesentlichen Verstößen gegen Normen, die allein eine Regelung des Verfahrens darstellen und keinerlei Rechte für den Angeklagten oder andere Verfahrensbeteiligte begründen – oder eben auch die Basis eines Urteils darstellen können. Lesen Sie dazu insbesondere den Kommentar bei den jeweiligen Normen (meist am Ende der Kommentierung).

§ 243 ist eine Verfahrensregelung für die Hauptverhandlung. Das bedeutet grundsätzlich, dass ein Verstoß dagegen nicht unbedingt zur Revisibilität des Urteils führt. Dies gilt nur dann, wenn ein Verstoß gegen diese Verfahrensnorm eine Verletzung der Rechte eines Beteiligten darstellt oder die Aufklärung des Sachverhalts erschwert.

Welche Verstöße gegen § 243 können zur Aufhebung des Urteils führen, welche nicht?

Vernehmung zur Person, § 243 II S. 2	Verlesung des Anklagesatzes, § 243 III S. 1	Hinweis auf Äußerungsfreiheit, § 243 V S. 1
Diese Vernehmung dient zur Identitätsfeststellung. Da die Identität aber in der Regel auch auf andere Weise festgestellt werden kann, beruht das Urteil grundsätzlich nicht auf einer fehlenden oder fehlerhaften Vernehmung in diesem Sinne.	Diese Verlesung dient der Information der Schöffen über die Vorwürfe gegen den Angeklagten. Somit können die Schöffen der Hauptverhandlung ohne diese Verlesung nur bei einfachen Sachverhalten folgen. In anderen Fällen kommt daher ein Beruhen des Urteils auf diesen Verstoß in Betracht.	Ein Verstoß gegen die Belehrungspflicht stellt in aller Regel einen Revisionsgrund dar. Dies kann jedoch dann abgelehnt werden, wenn feststeht, dass der Angeklagte sein Schweigerecht kannte (z. B. bei Anwesenheit eines Verteidigers in der Regel der Fall).

Nach der Vorschrift des § 243 folgt die Vernehmung des Angeklagten zur Sache. Eine unzureichende Vernehmung oder die Nichtzulassung bestimmter Fragen kann lediglich einen Verstoß gegen die Aufklärungspflicht des Gerichts begründen und damit zur Aufklärungsrüge führen, vgl. dazu KK 88.

Bei § 243 ist darauf zu achten, welche Verfahrensschritte zu den zu protokollierenden wesentlichen Förmlichkeiten nach § 273 gehören – stehen diese (wie etwa die Verlesung des Anklagesatzes) im Klausursachverhalt nicht im Protokoll der Hauptverhandlung, ist auf Grund der negativen Beweiskraft des Protokolls davon auszugehen, dass sie nicht stattgefunden haben. Welche Förmlichkeiten wesentlich im Sinne des § 273 sind, finden Sie bei M-G/S § 273 Rn. 7 – diese Stelle (soweit erlaubt) präparieren!

Bei der Belehrungspflicht ist zu beachten, dass darunter auch über § 243 II S. 2 hinausgehende Angaben zu persönlichen Verhältnissen fallen (Vorleben, Werdegang, Tätigkeit, familiäre Verhältnisse). Macht der Angeklagte vor der Belehrung Angaben dazu, dürfen diese im Urteil grundsätzlich nicht verwertet werden.

Die unzulässige Beschränkung der Öffentlichkeit stellt einen absoluten Revisionsgrund dar, vgl. § 338 Nr. 6. Der umgekehrte Fall der Massenöffentlichkeit fällt nicht unter diese Regelung. Denn in dieser Konstellation wird nicht gegen die Kontrollfunktion und das Rechtsstaatsprinzip verstoßen, sondern es werden möglicherweise Rechte des Angeklagten verletzt. Aufgrund dieses unterschiedlichen Schutzzwecks stellt der Verstoß gegen die „Pflicht zur Beschränkung der Öffentlichkeit“ einen eigenständigen, relativen Revisionsgrund dar.

Woraus ergibt sich diese Pflicht und wann liegt ein Verstoß gegen diese Pflicht vor?

1. Gesetzliche Grundlage:

Die Pflicht zur Beschränkung der Öffentlichkeit ergibt sich nicht aus dem Wortlaut des § 169 S. 1 GVG, dort ist allein der gegenteilige Fall geregelt. Allerdings zeigt schon S. 2 dieser Norm, dass die Öffentlichkeit auch nicht uneingeschränkt zugelassen werden kann. Aus diesem Grundgedanken in Verbindung mit dem sich aus Art. 1 I, 2 I GG ergebenden allgemeinen Persönlichkeitsrecht des Angeklagten ergibt sich, dass dieser nicht zum Schauobjekt der Öffentlichkeit degradiert werden darf.

2. Eine feste Anzahl von Zuschauern lässt sich nicht angeben. Dies ist vielmehr eine Frage des Einzelfalls. Ein Verstoß gegen diesen Grundgedanken liegt – entsprechend seiner Herleitung – immer dann vor, wenn aufgrund einer zu weiten Öffnung zugunsten der Öffentlichkeit die Gefahr besteht, dass

⇨ der Angeklagte zum Schauobjekt degradiert wird oder

⇨ das Gericht aufgrund des Drucks der vielen Zuschauer in seiner Neutralität beeinträchtigt wird.

3. Liegt ein solcher Fall vor, kann eine Beeinträchtigung des Gerichts, die sich auch im Urteil niederschlägt, nicht ganz ausgeschlossen werden. In diesem Fall ist ein Beruhen i.S.v. § 337 gegeben, es liegt ein relativer Revisionsgrund vor.

Als Extrembeispiel stelle man sich etwa vor, dass der Richter wegen des großen Interesses der Öffentlichkeit die Verhandlung in den größten Vorlesungssaal der örtlichen Universität oder in ein Fußballstadion verlegt.

Ist der Angeklagte oder eine andere der an der Hauptverhandlung beteiligten Personen der deutschen Sprache nicht ausreichend mächtig, ist ein Dolmetscher zuzuziehen, § 185 I S. 1 GVG. Die Regelungen über das Verfahren der Beiziehung und seiner Teilnahme an der Hauptverhandlung finden sich in §§ 185-191 GVG.

Welche Voraussetzungen sind bei der Zuziehung eines Dolmetschers zu beachten? Welche Revisionsgründe kommen in diesem Zusammenhang in Betracht?

1. Abwesenheit eines bereits beigezogenen oder für den Angeklagten erforderlichen Dolmetschers, § 185 I S. 1 GVG
   Rechtsfolge: Absoluter Revisionsgrund, § 338 Nr. 5
2. Abwesenheit eines für einen Zeugen erforderlichen Dolmetschers, weil dessen Deutschkenntnisse nur unzureichend sind und so eine Sachverhaltsaufklärung erschwert wird
   Rechtsfolge: Relativer Revisionsgrund, wenn das Urteil auf diesem Verstoß beruhen kann
3. Fehlende oder fehlerhafte Belehrung oder Vereidigung gem. § 189 II GVG, §§ 72, 57
   Rechtsfolge: Bei gänzlichem Fehlen kann ein Beruhen des Urteils nicht ganz ausgeschlossen werden, daher in der Regel relativer Revisionsgrund, bei bloßen formellen Verstößen grundsätzlich kein Revisionsgrund.

Machen Sie sich an dieser Stelle zum wiederholten Male die wichtige Unterscheidung zwischen absoluten und relativen Revisionsgründen klar.

Klausurrelevantes Beispiel eines Fehlers in der Beweisaufnahme ist das unzulässige Verlesen von Urkunden. Dieses spielt vor allem deshalb in Revisionsklausuren eine große Rolle, weil Probleme aus dem Hauptverfahren mit Zeugnisverweigerungsrechten und mit Vernehmungen aus dem Ermittlungsverfahren kombiniert werden können.

Der Urkundenbeweis ist grundsätzlich ein förmliches Beweismittel im Hauptverfahren. Es werden dabei die Urkunden in der Verhandlung mündlich vom Vorsitzenden vorgelesen – Mündlichkeitsprinzip! - und dadurch ihr Inhalt in die Hauptverhandlung eingeführt.

Probleme stellen sich dabei eigentlich nur, wenn der Inhalt einer Urkunde sich mit einer vor der Hauptverhandlung gemachten Aussage beschäftigt, vgl. §§ 250 ff. Hier gilt es, Problembewusstsein zu entwickeln - arbeiten Sie immer dann besonders sorgfältig, wenn eine Aussage eines Beschuldigten, eines Zeugen oder eines Sachverständigen, die im Ermittlungsverfahren gemacht wurde, nun vorgelesen oder auf andere Weise in die Hauptverhandlung eingeführt wird.

Wie verhält es sich mit der Zulässigkeit der Verlesung von Urkunden über Wahrnehmungen einer Person?

Grundsatz: Verlesbarkeit von Urkunden zur Feststellung ihres Inhalts, § 249 I S. 1.

Ausnahme: Keine Verlesbarkeit von Urkunden, die Niederschriften über die Wahrnehmungen eines Beschuldigten, eines Zeugen oder eines Sachverständigen beinhalten – Vorrang der Vernehmung, § 250 S. 2.

Ausnahme der Ausnahme: Verlesbarkeit solcher Urkunden in folgenden Fällen:

- Niederschriften aus Urteilen oder aus richterlichen Augenscheinprotokollen, § 249 I S. 2
- Niederschriften über Zeugenvernehmungen in den Fällen §§ 251, 253
- Niederschriften aus richterlichen Vernehmungen des Beschuldigten oder über widersprüchliche Angaben, § 254
- Gutachten in den Fällen des § 256

Unterscheiden Sie also zunächst, ob es sich bei der zu verlesenden Urkunde um die Vernehmung eines Beschuldigten oder die Wahrnehmungen eines Zeugen oder Sachverständigen handelt (§§ 251 ff. oder § 254). Dann überprüfen Sie die einzelnen Voraussetzungen der jeweils einschlägigen Vorschrift.

Ein Verstoß in diesem Bereich führt regelmäßig zur Begründetheit der Revision, da nicht auszuschließen ist, dass das Urteil ohne die Verlesung der Urkunde anders ausgefallen wäre (vgl. § 337).

Erlernen Sie in diesem Bereich vor allem die Struktur der Normen sowie Verhältnis von Regelfall und Ausnahme. Die Details erarbeiten Sie sich in der Klausur dann durch genaue Subsumtion unter den Gesetzestext (etwa bei § 251: Abs. 2 bei richterlichen, Abs. 1 bei sonstigen Protokollen). Detailwissen ist hier nur verwirrend, wichtig ist, einmal die Struktur der Normen verstanden zu haben und einige typische Fallgestaltungen zu kennen.

§ 252 befasst sich mit der Einführung von Aussagen zeugnisverweigerungsberechtigter Zeugen in die Hauptverhandlung und beinhaltet nach ganz h.M. ein selbständiges Beweisverwertungsverbot.

Wegen der hohen Examensrelevanz ist es für jeden Examenskandidaten empfehlenswert, sich mit dieser Vorschrift i.R.d. Vorbereitung intensiv zu beschäftigen – auch weil eine strukturelle Erarbeitung dieser Norm für andere Probleme des Strafprozesses Feingefühl verschafft.

Eine der wichtigen juristischen Fähigkeiten ist es, bei Lektüre einer Vorschrift rasch Regelfall und Ausnahme erkennen und so ein methodisches Verständnis für gesetzliche Regelungen entwickeln zu können.

Welche Fälle werden von § 252 umfasst und unter welchen Voraussetzungen ist nach dieser Vorschrift die Einführung einer Zeugenaussage in die Hauptverhandlung nur möglich?

1. **Wortlaut:** Unzulässigkeit der Verlesung einer Urkunde über die Vernehmung eines zeugnisverweigerungsberechtigten Zeugen, der sich in der Hauptverhandlung auf sein Zeugnisverweigerungsrecht beruft.

2. **Erweiternde Auslegung:** Unzulässigkeit auch der Vernehmung der Verhörperson als „Zeuge vom Hörensagen" in diesem Fall (Grund: Schutzwürdigkeit des Zeugnisverweigerungsrechts); d.h. „darf nicht verlesen werden" ist zu lesen als „darf nicht verwertet werden".

3. **Einschränkung dieser Auslegung:** Verhörperson ist ein Richter, der vor seiner Vernehmung den Zeugen ordnungsgemäß über sein Zeugnisverweigerungsrecht belehrt hat (Grund: Ähnlichkeit dieser Situation mit einer Vernehmung in der Hauptverhandlung, Zeuge kann sich der Bedeutung seiner Aussage in dieser Situation bewusst werden). Beachten Sie, dass eine darüberhinausgehende „qualifizierte" Belehrung nicht erforderlich ist. Der Große Senat des BGH erteilte insoweit dem 2. Senat eine Absage, welcher diese Auslegung nur dann für verfassungskonform hielt, wenn der Richter qualifiziert über die Möglichkeit der Einführung und Verwertung im weiteren Verfahren belehrt hat (vgl. BGH, Beschluss vom 15.07.2016 – GSSt 1/16 = Life&LAW 04/2017, 255 ff.).

Versuchen Sie auch hier, Sinn und Zweck zu verstehen - das Verbot der Verlesung (vgl. 1.) ist eigentlich bereits in der Regelung des § 250 S. 2 verankert, so dass man annimmt, dass § 252 - schon wegen der erheblichen Bedeutung der Zeugnisverweigerungsrechte - einen weiteren Regelungsgehalt hat und eben die Verwertung der Aussage als Ganzes unzulässig werden lässt. Sagt jedoch ein Zeuge trotz Belehrung vor einem Richter aus, kann diese Einschränkung nicht mehr gelten.

Wichtig: § 252 gilt nur für Vernehmungen, nicht für Spontanäußerungen der Zeugen oder Aussagen gegenüber Dritten - in diesen Fällen gibt es für den Zeugen keinen Konflikt zwischen Aussagepflicht und dem Zeugnisverweigerungsrecht. Wenn der Zeuge etwas von sich aus sagt, ist er auch voll dafür verantwortlich.

§ 252 gilt schon nach seinem Wortlaut nicht für Auskunftsverweigerungsberechtigte gemäß § 55. Dies ist auch sachgerecht, da § 55 gerade nicht die Beziehung zwischen Beschuldigten und Zeugen schützt. Die für eine analoge Anwendung erforderliche ähnliche Interessenslage liegt damit nicht vor.

Zeugnis- und Auskunftsverweigerungsrechte sind nicht nur im Zusammenhang mit § 252 problematisch. Auch bei der Vernehmung von Zeugen in der Hauptverhandlung selbst können sich aus ihnen Revisionsgründe ergeben. Sagt ein verweigerungsberechtigter Zeuge aus, ohne dass er ordnungsgemäß belehrt wurde, kann auf diesem Fehler das Urteil beruhen. Dasselbe gilt, wenn ein nicht verweigerungsberechtigter Zeuge fehlerhaft belehrt wurde und daraufhin schweigt, da dann möglicherweise der Sachverhalt nicht hinreichend aufgeklärt wurde.

Beachten Sie: Von Zeugnisverweigerung spricht man bei §§ 52 ff., wenn man die Aussage gänzlich verweigern kann. Bei einem bloßen Auskunftsverweigerungsrecht (§ 55) kann dagegen grundsätzlich nur die Antwort auf bestimmte Fragen verweigert werden.

Welche Verweigerungsrechte gibt es und welche Rechtsfolgen hat ein Verstoß gegen sie?

§ 52	§ 53	§ 54	§ 55
Berechtigte: Familienangehörige **Zweck:** Schutz des familiären Friedens **Belehrung:** ausdrücklich **Rechtsfolge:** Verwertungsverbot	**Berechtigte:** bestimmte Berufsgruppen **Zweck:** Anerkennung der beruflichen Schweigepflicht	**Berechtigte:** Richter/Beamte **Zweck:** Pflicht zur Geheimhaltung	**Berechtigte:** Verdächtige **Zweck:** nemo tenetur-Grundsatz **Belehrung:** ausdrücklich **Rechtsfolge:** kein Verwertungsverbot, da nicht zum Schutz des Angeklagten
	Belehrung: von Kenntnis ist bei diesen Zeugen auszugehen **Rechtsfolge:** kein Verwertungsverbot (auch bei unerlaubter Aussage ⇨ Recht, nicht Pflicht!)		

Beachten Sie im Bereich des § 55 die sog. „Rechtskreistheorie“. Es ist danach zu fragen, welchen Rechtskreis das Verweigerungsrecht überhaupt schützen soll: Wenn dies gar nicht der Angeklagte selbst ist, sondern die Interessen des Zeugen, kann dieser Verfahrensfehler bei Gesamtwürdigung regelmäßig auch nicht zugunsten des Angeklagten zu einem Beweisverwertungsverbot führen.

Wichtig ist hier auch der umgekehrte Fall: Ein Zeuge wird über ein Verweigerungsrecht belehrt, das ihm tatsächlich gar nicht zusteht, und schweigt daraufhin. Dann kann dies zu einer ungenügenden Aufklärung des Sachverhalts führen, was i.R.d. Revision mit der Aufklärungsrüge als Verstoß gegen § 244 II geltend zu machen ist.

Der Angeklagte hat das Recht zu schweigen. Dies folgt aus dem Grundsatz, dass niemand verpflichtet werden kann, sich selbst zu belasten (lat: „nemo tenetur se ipsum accusare“) – einer der wesentlichen Grundsätze des Strafprozessrechts. Es wird als mit der Menschenwürde unvereinbar angesehen, eine Person zur Mitwirkung bei der eigenen Strafverfolgung verpflichten zu können. Ein solches Recht macht aber nur dann Sinn, wenn aus der Berufung auf das Schweigerecht keine negativen Schlüsse für den Angeklagten gezogen werden dürfen (das gilt übrigens auch für die obigen Zeugnisverweigerungsrechte). Denn wenn man auf das Schweigen einen Verdacht begründet, könnte ein Angeklagter, ohne die ihm gebührende Unschuldsvermutung zu verlieren, nicht mehr schweigen, ohne sich damit selbst zu belasten.

Das bedeutet konsequenterweise, dass eine Berücksichtigung dieses Schweigens durch das Gericht zum Nachteil des Angeklagten grundsätzlich zu einem Verfahrensverstoß führt, auf den sich auch die Revision gem. § 337 stützen lässt.

In welchen Fällen des Schweigens kann dieses nicht, in welchen Fällen kann es berücksichtigt werden?

Gänzliches Schweigen	Teilweises Schweigen	Zeitweiliges Schweigen
Der Angeklagte hat sich zu keinem Zeitpunkt zu irgendeinem Teil der Vorwürfe geäußert.	Der Angeklagte hat sich zunächst nur zu einem Teil der Vorwürfe geäußert.	Der Angeklagte hat sich zunächst nicht, aber später geäußert.
Keinerlei Rückschlüsse zulässig; Verstoß führt zu Revisionsgrund	Rückschlüsse zulässig; Rückschlüsse begründen keinen Revisionsgrund	Keinerlei Rückschlüsse zulässig; Verstoß führt zu Revisionsgrund

In der ersten Variante stellen sich eigentlich keinerlei Probleme. In der dritten Variante verstieße es gegen den nemo-tenetur-Grundsatz, negative Rückschlüsse zu ziehen bzw. die neue Aussage für unglaubwürdig zu halten, weil sich der Angeklagte nicht schon früher geäußert hat. Beim teilweisen Schweigen wird gerade nicht das Schweigen, sondern die bisherige Aussage und ihre Lückenhaftigkeit gewertet - dies stellt keinen Verstoß gegen den nemo-tenetur-Grundsatz dar.

Für die Zeugnisverweigerungsrechte gilt dasselbe. Anders ist dies dagegen bei § 55. Dieser schützt allein den Aussagenden (Rechtskreistheorie), so dass aus der Verweigerung einer Antwort auf einzelne Fragen hier durchaus negative Schlüsse zu Lasten des Angeklagten gezogen werden dürfen.

Das Gesetz schreibt vor, dass Zeugen und Sachverständige nur unter bestimmten Umständen zu vereidigen sind, §§ 59 ff., 79. Dies ist dann der Fall, wenn das Gericht eine Vereidigung wegen der ausschlaggebenden Bedeutung der Aussage oder zur Herbeiführung einer wahren Aussage nach seinem Ermessen für notwendig hält.

Wann darf keinesfalls vereidigt werden? Wie ist die Prüfung einer möglichen Revisibilität aufzubauen?

Grundsatz: Der Zeuge ist nicht zu vereidigen, § 59; ein Verbot der Vereidigung liegt vor:

- Bei Personen, die in Bezug auf die Tat verdächtig sind, § 60 Nr. 2
- Bei Personen, die den Eid nicht in seiner Bedeutung erfassen, § 60 Nr. 1
- Vereidigungsverbot bei Zeugnisverweigerungsrecht, § 61

Dabei empfiehlt sich folgendes Vorgehen bei der Prüfung:

1. Ist eine Vereidigung erfolgt?
2. Wenn ja: liegen die Voraussetzungen des § 59 I S. 1 vor? (Diese Entscheidung kann trotz des Wortlauts vom Vorsitzenden allein getroffen werden, § 238 I)
3. Verstößt die Vereidigung gegen ein Gesetz? (z.B. § 60)
4. Wurde eine Entscheidung des Gerichts gem. § 238 II herbeigeführt? (Wenn nicht, ev. Verwirkung der Rügemöglichkeit i.R.d. Revision)
5. Beruht das Urteil auf dem Fehler? (Wenn das Gericht die nicht vereidigte Aussage im Urteil berücksichtigt hat oder eine zu Unrecht vereidigte Aussage auch als solche im Urteil gewürdigt hat – Eine „Heilung" ist dagegen möglich durch die Würdigung als uneidliche Aussage im Urteil!)

Ein beliebtes Examensproblem ist der Fall, dass sich der Zeuge gerade erst durch eine Falschaussage an der Tat beteiligt bzw. eine Strafvereitelung oder Begünstigung versucht. Dies widerspricht jedoch dem Sinn und Zweck dieser Norm. Eine Vereidigung soll nur dann ausscheiden, wenn beim Zeugen angesichts seines Vorverhaltens eine Konfliktsituation besteht. Eine solche besteht jedoch nicht, wenn der Zeuge sich erst aufgrund der Falschaussage strafbar macht, so dass § 60 Nr. 2 in diesem Fall nicht greift.

Ein Revisionsgrund kann auch darin liegen, dass das Gericht gegen den Grundsatz verstößt, den Sachverhalt vollständig und bestmöglich aufzuklären, vgl. § 244 II (sog. Untersuchungsgrundsatz).

Aufzuklären sind alle rechtserheblichen Tatsachen, die auf den Schuld- oder Rechtsfolgenausspruch Auswirkung haben könnten. Das bedeutet jedoch keine endlose Aufklärungspflicht, sondern eine ordnungsgemäße Abwägung hinsichtlich der Relevanz der zu ermittelnden Tatsachen.

Was kann i.R.d. Aufklärungsrüge geltend gemacht werden und wie hat sie zu erfolgen?

1. Nichtermittlung einer wesentlichen Tatsache - die Wesentlichkeit ist für das Revisionsgericht nur begrenzt überprüfbar, liegt aber vor, wenn für alle Beteiligten offensichtlich ist, dass diese Tatsache eine Veränderung des Urteils hätte bedeuten können und das Gericht ihr trotz Möglichkeit dazu nicht nachgegangen ist.
2. Unrechtmäßige Ablehnung eines Beweisermittlungsantrags - wenn kein Beweisantrag im eigentlichen Sinne vorliegt, sondern nur ein Ermittlungsantrag, kann dennoch eine Revision begründet sein, wenn aus diesem Antrag deutlich hervorgeht, dass eine Tatsache wesentlich und daher zu ermitteln gewesen wäre.
3. Belehrung über ein Zeugnisverweigerungsrecht, welches tatsächlich nicht besteht - sagt ein Zeuge deshalb nicht aus, ist diesem Beweismittel nicht vollständig nachgegangen. Besteht auch nur die Möglichkeit, dass durch die Aussage dieses Zeugen das Gericht zu einem anderen Ergebnis gekommen wäre, ist die Aufklärungsrüge begründet.
4. Unzulässige Nichtvereidigung – wenn es möglich ist, dass der Zeuge unter dem Druck eines Eides eine andere Aussage gemacht hätte, liegt auch darin ein Verstoß gegen die Aufklärungspflicht.

Dies sind nur einige Beispiele, es ist im Sachverhalt danach Ausschau zu halten, ob irgendwelche Anhaltspunkte für eine unzureichende Aufklärung durch das Gericht vorliegen.

Inhalt der Rüge: In der Aufklärungsrüge muss genau dargelegt werden, welchem Beweismittel hätte nachgegangen werden müssen und welches das mögliche Beweisergebnis hätte sein können.

Konstruieren Sie keine Aufklärungsrüge, wo nichts auf eine solche hindeutet! Beachten Sie auch den Bearbeitervermerk, in dem etwa stehen könnte, dass eine weitere Sachverhaltsaufklärung nicht möglich war.

Jeder der Hauptbeteiligten des Verfahrens hat die Möglichkeit, Beweisanträge an das Gericht zu stellen. Dieses darf einen solchen Antrag nur unter den Voraussetzungen der §§ 244, 245 zurückweisen. Dabei gilt § 244 für alle Beweisanträge, § 245 stellt verschärfte Anforderungen an die Ablehnung von präsenten Beweismitteln. Zu beachten ist allerdings, dass diese Vorschriften nur für förmliche Beweisanträge, nicht für Beweisermittlungsanträge gelten.

Ein Beweisantrag (und kein bloßer Beweisermittlungsantrag) liegt vor, wenn der Antrag eine bestimmt behauptete konkrete Tatsache enthält, die der Antragsteller durch ein bestimmt bezeichnetes Beweismittel festgestellt sehen möchte und dem Antrag zu entnehmen ist, weshalb das bezeichnete Beweismittel die behauptete Tatsache belegen können soll, § 244 III S. 1. Nur wenn diese beiden Bestandteile in einem hohen Bestimmtheitsmaß angegeben sind und deren Konnexität erläutert wird, liegt ein förmlicher Beweisantrag vor. Bei einem abgelehnten Beweisermittlungsantrag sind dagegen die §§ 244, 245 nicht einschlägig, hier kann nur die Aufklärungspflicht verletzt worden sein.

Aus welchen Gründen kann ein förmlicher Beweisantrag abgelehnt werden?

Ablehnung eines Beweisantrags

- Unzulässigkeit der Beweiserhebung- insbesondere bei Erhebungs- oder Verwertungsverboten, § 244 III S. 2
- Bedeutungslosigkeit der Beweiserhebung; Offenkundigkeit der Beweisbehauptung; Ungeeignetheit oder Unerreichbarkeit des Beweismittels; Wahrunterstellung, § 244 III S. 3; Prozessverschleppung, § 244 VI S. 2
- Augenschein oder Auslandszeugen nach Ermessen des Gerichts, § 244 V S. 1, 2
- Bei Sachverständigen wegen eigener Sachkunde oder wegen Erwiesenheit des Gegenteils (!), § 244 IV S. 1, 2

Rechtsfolge:

Bei unberechtigter Ablehnung eines Beweisantrags ist von einem Revisionsgrund auszugehen. Strittig ist dabei, ob die Revision auf § 337 oder § 338 Nr. 8 zu stützen ist – dies macht aber im Ergebnis keinen Unterschied, da bei § 338 Nr. 8 ebenfalls das Beruhen des Urteils positiv festgestellt werden muss.

Da die Ablehnung eines Beweisantrags ohnehin durch Gerichtsbeschluss erfolgen muss, §§ 244 VI S. 1, 246 I, ist ein Vorgehen nach § 238 II nicht erforderlich, um die Revision auf diesen Verstoß zu stützen.

Beachten Sie, dass nach § 244 VI S. 3 das Gericht die Möglichkeit hat, eine angemessene Frist zum Stellen von Beweisanträgen zu bestimmen. Nach Ablauf der Frist gestellte Beweisanträge können grundsätzlich im Urteil ablehnend beschieden werden, § 244 VI S. 4. Damit soll Beweisanträgen, welche eine Verfahrensverzögerung als Zweck haben, wirksam begegnet werden.

Präsente Beweismittel sind solche, die dem Gericht unmittelbar vorliegen und sofort erhoben werden können. Also z.B. Zeugen, die der Hauptverhandlung unmittelbar beiwohnen.

Diese präsenten Beweismittel können bei Stellung eines entsprechenden Beweisantrages nur unter den sehr engen Voraussetzungen des § 245 abgelehnt werden. Völlige Bedeutungslosigkeit reicht jedenfalls für die Ablehnung nicht aus.

Welche zusätzliche Voraussetzung ist bei von der Staatsanwaltschaft oder dem Angeklagten herbeigeschafften Beweismitteln zu beachten?

Unter welchen Voraussetzungen kann ein präsentes Beweismittel abgelehnt werden?

Herbeigeschaffte Beweismittel gemäß § 245 II

a) Durch den Angeklagten
   ⇨ Ladung nach § 38
   ⇨ Beweisantrag

b) Durch den Staatsanwalt
   ⇨ Beweisantrag

Ablehnungsgründe: vgl. § 245 II S. 2, 3

Geladene und erschienene Beweismittel gemäß § 245 I

Ablehnung möglich bei:

⇨ Verzicht aller Beteiligten (§ 245 I S. 2)
⇨ Unzulässigkeit der Beweiserhebung (§ 245 I S. 1)

Da auch hier in aller Regel nicht auszuschließen ist, dass das Urteil bei Berücksichtigung des Beweismittels anders ausgefallen wäre, ist ebenfalls grundsätzlich von einem Beruhen und damit von einem relativen Revisionsgrund auszugehen.

In § 265 ist eine Hinweispflicht des Gerichts verankert. Diese Norm dient vor allem der Verbesserung der Verteidigung des Angeklagten und seinem rechtlichen Gehör. Der Angeklagte soll zu jeder Zeit darüber informiert sein, was das Gericht ihm vorwirft, bzw. nach welcher Norm er sich strafbar gemacht haben könnte. Er soll sich dazu äußern und seine Verteidigungsstrategie darauf abstimmen können.

§ 265 ist dann anwendbar, wenn das Gericht die in der Anklageschrift benannte prozessuale Tat unter anderen rechtlichen Gesichtspunkten würdigt.

Für welche Veränderungen ist ein Hinweis erforderlich, für welche nicht?

- ⇨ Andere rechtliche Würdigung als in Anklage und Eröffnungsbeschluss - anderer Straftatbestand, andere Beteiligungsform o.ä.
- ⇨ Strafschärfung - Qualifikation, Regelbeispiel, Maßregeln, § 265 II (nicht: Nebenstrafen, Nebenfolgen, wenn keine weiteren Umstände als zum abgeurteilten Straftatbestand erforderlich)
- ⇨ Analoge Anwendung bei Änderung eines tatsächlichen Gesichtspunkts, die als Tatbestandsmerkmale des entsprechenden Straftatbestands relevant sind – anderer Tatort o.ä. (Keine Veränderung der prozessualen Tat!) – keine Analogie notwendig, wenn die Änderung der tatsächlichen auch gleich eine Änderung der rechtlichen Umstände mit sich bringt.

Der Hinweis gemäß § 265 muss förmlich vom Vorsitzenden erteilt werden.

Eine Analogie ist hier ohne weiteres zulässig, da sie zugunsten des Angeklagten erfolgt. Sie entspricht dem Schutzzweck der Norm, den Angeklagten vor Überraschungen zu schützen.

Grundsätzlich gelten für Analogien im Prozessrecht andere Regelungen als im materiellen Recht – sie sind nicht von vorneherein unzulässig; allerdings ist bei einer Analogie, die Rechte des Angeklagten beschneidet, eine sorgfältige Abwägung erforderlich.

Beachten Sie: Das Gericht darf immer nur die rechtliche Würdigung, keinesfalls aber die prozessuale Tat verändern – andernfalls würde es insoweit schon an einer Anklage mangeln, dem Urteil würde also ein Prozesshindernis entgegenstehen!

Weitere prozessuale Taten in die Verhandlung mit einzubeziehen ist Aufgabe des Staatsanwalts, der dazu die Möglichkeit der Nachtragsklage hat, § 266.

Nach dem Schluss der Beweisaufnahme halten Staatsanwalt und Verteidiger ihre Plädoyers, § 258 I, anschließend hat der Angeklagte das letzte Wort.

Dieses ist ein elementares Recht des Angeklagten, dessen Entziehung in der Regel zu einem Revisionsgrund führt. Denn es ist nicht auszuschließen, dass er im letzten Wort noch etwas Wesentliches, sich auf Schuld oder Strafe Auswirkendes, gesagt hätte.

Welche Fallkonstellation ist in diesem Zusammenhang besonders zu beachten?

Gerne wird von Klausurerstellern folgende Fallgestaltung geprüft, da hier die Entziehung des letzten Wortes etwas versteckt erfolgt:

Das Gericht zieht sich zur Beratung zurück. Dabei bemerkt es, dass eine andere Strafbarkeit als die der Hauptverhandlung zugrunde gelegte in Betracht kommt. Daraufhin tritt es nochmals in die Hauptverhandlung ein, erteilt einen rechtlichen Hinweis gemäß § 265 und verkündet anschließend das Urteil.

Da hier ein Wiedereintritt in die Hauptverhandlung stattfand, war auch noch mal das letzte Wort zu gewähren!

Es gibt in diesem Rahmen eine Reihe von unterschiedlichen Fallgestaltungen. Entwickeln Sie hier ein gewisses Problembewusstsein, indem Sie beim Durchlesen des Sachverhalts nachsehen und abhaken, ob das letzte Wort erteilt wurde und sogleich überprüfen, ob danach auch keinerlei Hauptverhandlung mehr stattfand.

Die h.M. nimmt bei einer ausdrücklichen Untersagung des letzten Worts durch das Gerichts oder beim Verbot des Verwendens von Aufzeichnungen sogar einen Verstoß i.S.v. § 338 Nr. 8 an, da dadurch die Verteidigung des Angeklagten erheblich eingeschränkt ist.

Vor der Urteilsverkündung hat sich das Gericht - solange die Hauptverhandlung nicht nur vor einem Einzelrichter stattfand - zu beraten, § 260 I. Diese Beratung hat unmittelbar vor der Urteilsverkündung zu erfolgen.

Sie ist - in der Regel während einer Unterbrechung der Hauptverhandlung - geheim vorzunehmen.

Wann und wie sind Fehler bei der Beratung revisibel?

Ein relativer Revisionsgrund liegt regelmäßig vor, wenn

⇨ eine Beratung überhaupt nicht stattfand oder

⇨ eine Beratung nach Wiedereintritt in die Hauptverhandlung nicht nochmals stattfand (es genügt aber eine stillschweigende, nach außen erkennbare Beratung im Sitzungssaal, wenn nichts sachlich Neues mehr hinzugekommen ist) oder

⇨ an der Beratung unbefugte Personen i.S.v. § 193 GVG teilgenommen haben.

Problem: Die Beratung ist nicht protokollpflichtig, so dass eine fehlende Beratung nur im Freibeweisverfahren nachgewiesen werden kann (dienstliche Stellungnahmen der beteiligten Richter).

Eine nach außen erkennbare Beratung liegt vor allem dann vor, wenn mit einem Nicken übereingekommen wird, dass es bei dem in der vorherigen Beratung Besprochenen bleiben soll.

Neben Verfahrensfehlern können auch i.R.d. materiellen Rechts begangene Fehler eine Revision begründen. I.R.d. Revisionsbegründung genügt hier in der Praxis grundsätzlich ein allgemeiner Hinweis auf eine Verletzung des materiellen Rechts: „Gerügt wird die Verletzung materiellen Rechts." (Die gilt natürlich nicht für Ihre Klausur, in dieser will der Korrektor eine ausführlichere Auseinandersetzung mit dem materiellen Recht sehen!) Denn das Revisionsgericht hat die Einhaltung des materiellen Rechts durch die erste Instanz allein auf diese sog. allgemeine Sachrüge hin zu überprüfen.

Mit der Sachrüge werden alle Fehler überprüft, die sich erst und ausschließlich im Urteil zeigen.

Welche Fälle eines materiellen Fehlers gibt es?

1. Fehler bei der rechtlichen Würdigung der Strafbarkeit, KK 95

2. Fassungsmängel des Urteils, KK 96

3. Fehler bei der Beweiswürdigung, KK 97

4. Fehler i.R.d. Strafzumessung, KK 98

Beachten Sie: Grundlage der rechtlichen Prüfung sind bei der Sachrüge allein die im Urteil festgestellten Tatsachen; es geht darum, ob das Gericht die von ihm festgestellten Tatsachen richtig gewürdigt hat. Die Richtigkeit oder Verwertbarkeit der festgestellten Tatsachen darf hier keine Rolle spielen, es dürfen also vor allem nicht Fehler, die i.R.d. Verfahrensmängel festgestellt wurden, herangezogen und auf deren Basis ein neuer Sachverhalt konstruiert werden. Die Fehler i.R.d. Sachrüge ergeben sich allein und ausschließlich aus dem Urteil.

I.R.d. Sachrüge spielt in der Klausur die Überprüfung der Strafbarkeit die wichtigste Rolle. Denn auch im Zweiten Staatsexamen liegt ein großer Schwerpunkt der Prüfung im materiellen Recht.

Es wird die vom Tatrichter angenommene Anwendung materiellen Rechts in vollem Umfang überprüft. Es wird überprüft, ob der festgestellte Sachverhalt die angewandte Strafnorm erfüllt (Objektiver und Subjektiver Tatbestand, Rechtswidrigkeit, Schuld), eine anzuwendende Strafnorm übersehen oder falsch ausgelegt wurde.

Wie erfolgt die Prüfung des materiellen Rechts in der Klausur?

1. Eigene rechtliche Prüfung des festgestellten Sachverhalts

Hier besteht grundsätzlich kein Unterschied zum Ersten Staatsexamen. Es wird getrennt nach Tatkomplexen die Strafbarkeit der Angeklagten geprüft (nur derer, bzgl. deren Verurteilung Revision eingelegt ist), wobei in der Regel in jedem Tatkomplex mit dem schwersten Delikt begonnen wird.

Dies wird dann sauber durchgeprüft, wie Sie es aus dem Ersten Staatsexamen kennen - allerdings nicht in derselben Ausführlichkeit und vor allem zum großen Teil im Urteilsstil.

2. Vergleich mit dem Ergebnis des Gerichts

Nachdem Sie Ihr eigenes Ergebnis gefunden haben, vergleichen Sie es mit dem vom Gericht gefundenen Ergebnis. Jegliche Differenzen begründen dann die Revision i.R.d. Sachrüge.

Wegen der Relevanz des materiellen Rechts sollten Sie diesen Bereich bei Ihrer Prüfungsvorbereitung keinesfalls vernachlässigen. Zwar erscheint es aufgrund der Fülle der neu zu erlernenden prozessualen Probleme manchmal wichtiger, sich vorrangig mit diesen zu beschäftigen – aber alle Beherrschung des Verfahrensrechts nützt Ihnen wenig, wenn Sie relevante Lücken im materiellen Recht aufweisen.

Versuchen Sie daher, regelmäßig die Standardprobleme des materiellen Strafrechts zu wiederholen.

Fassungsmängel des Urteils können unter bestimmten Umständen die Sachrüge begründen. Dafür müssen die Mängel erheblich sein.

Grund für die Revisibilität bei Fassungsmängeln ist, dass bei einem unvollständigen, formelhaften oder nicht verständlichen Urteil das Revisionsgericht gar nicht in die Lage versetzt werden kann, dieses Urteil auf sachrechtliche Mängel hin zu untersuchen. Da dann gar nicht nachvollzogen werden kann, wie das Gericht materiell-rechtlich zu seinem Ergebnis kommt, ein Gericht eine materiell-rechtliche Prüfung aber nicht einfach dadurch umgehen kann, dass es keine nachvollziehbaren Ausführungen dazu macht, muss auf diese Unvollständigkeit eine Sachrüge gestützt werden können.

Welche Mängel in Form und Aufbau des Urteils begründen die Sachrüge?

1. **Nicht nachvollziehbare Begründung des Ergebnisses**

   Es gibt zwar klare Regeln über Aufbau und Inhalt eines Urteils, aber nicht jeder Verstoß dagegen führt zu einem Sachmangel des Urteils. Solange das Urteil so übersichtlich und die Begründung für das Revisionsgericht nachvollziehbar ist, führen Aufbaumängel nicht zu dessen Aufhebbarkeit.

2. **Fehlende oder zu knappe Darstellung der persönlichen Verhältnisse**

   Wenn keinerlei Feststellung zu den persönlichen Verhältnissen oder etwa nur die fehlenden Vorstrafen im Urteil enthalten sind, berührt das zwar nicht den Schuldspruch - aber die Strafzumessung ist für das Revisionsgericht in diesem Fall nicht nachvollziehbar. Somit führt ein erheblicher Mangel in diesem Bereich ebenfalls zu einer Aufhebbarkeit des Urteils.

3. **Verweisungen oder Bezugnahmen**

   Ein Urteil muss aus sich heraus verständlich sein. Dies verbietet eine Verweisung oder Bezugnahme auf andere Urteile oder Teile der Ermittlungsakten. Dazu gibt es einige wenige Ausnahmen, vgl. M-G/S § 267 Rn. 8.

4. **Unzureichende Begründung eines freisprechenden Urteils**

   Bei Freispruch aus tatsächlichen Gründen muss der Tatrichter den Anklagevorwurf mitteilen und darlegen, welchen Sachverhalt er für festgestellt erachtet, welchen nicht und auf welchem Weg er zu dieser Feststellung gelangt ist. Anschließend ist u.U. darzulegen, warum eine weitere Aufklärung nicht möglich war. Eine Aufhebung erfolgt ebenfalls nur bei erheblichen Mängeln.

5. **Widerspruch innerhalb des Urteils bzw. zwischen verkündetem und schriftlichem Urteil**

   Der verkündete Tenor geht vor. Bei Abweichungen in den Gründen ist die schriftliche Begründung vorrangig. Ein Widerspruch führt nicht zwingend zur Aufhebung, solange keine weiteren Fehler vorliegen.

Grundsätzlich stellt das Gesetz an die Urteilsabfassung keine allzu hohen Ansprüche. Solange ein Urteil nachvollziehbar ist, ist es in der Regel nicht aufhebbar. Das bedeutet natürlich nicht, dass Sie in einer Urteilsklausur nicht versuchen sollten, ein perfektes Urteil abzuliefern!

Grundsätzlich gilt, dass die falsche Würdigung der Beweise nicht mit der Revision angegriffen werden kann. Die Revision ist eine Rechtsinstanz, die tatsächlichen Feststellungen können in ihr nicht nachgeprüft werden. Somit kann allein die Beweiswürdigung auf Rechtsfehler überprüft werden; das Revisionsgericht kann nicht aufheben, weil es selbst aufgrund dieser Beweise zu einem anderen Ergebnis gekommen wäre.

Gerügt wird also nicht die falsche Würdigung, sondern nur der Weg zur Würdigung!

Welche Mängel der Beweiswürdigung können zu einer Aufhebung des Urteils in der Revisionsinstanz führen?

1. **Rechtsfehlerhafte Würdigung**

   Eine rechtsfehlerhafte Beweiswürdigung liegt vor, wenn sie lückenhaft ist, Widersprüche enthält oder gegen Denkgesetze oder gesicherte Erfahrungssätze verstößt. Dabei können nur Lücken in der Würdigung (keine Darstellung der Umstände, die zu der Überzeugung des Richters geführt haben) und nicht Lücken in der Beweiserhebung mit der Sachrüge geltend gemacht werden.

2. **Rechtsfehlerhafter Freispruch**

   Ein Freispruch ist dann rechtsfehlerhaft, wenn er allein darauf gründet, dass der Tatrichter völlig überzogene Anforderungen an seine Überzeugung stellt, also eine absolute, von niemandem anzweifelbare Gewissheit verlangt, obwohl ein nach der Lebenserfahrung ausreichendes Maß an Sicherheit genügen würde.

3. **Verwertungsverbote**

   Die Berücksichtigung eines Beweismittels trotz Verwertungsverbot ist regelmäßig mit der Verfahrensrüge zu beanstanden. Nur bei Fehlern, die sich ausschließlich im Urteil niederschlagen, greift die Sachrüge (Beispiel: getilgte Vorstrafen werden berücksichtigt).

4. **Falsche Anwendung des „in dubio pro reo"-Grundsatzes**

   Dies ist nicht schon dann gegeben, wenn nach Ansicht des Revisionsführers das Gericht an einer Tatsache Zweifel hätte haben müssen. Ein Verstoß liegt nur dann vor, wenn das Gericht tatsächlich Zweifel hatte, dies offenbarte und dann trotzdem verurteilte.

Achten Sie in diesem Bereich besonders auf die Unterscheidung „Verfahrensrüge – Sachrüge". Geht es um einen Fehler im gerichtlichen Verfahren oder allein um Ausführungen und Würdigungen im Urteil?

Wie schon bei der Beweiswürdigung gilt auch hier der Grundsatz: Die Strafzumessung ist Sache des Tatrichters. Eine vollumfängliche Überprüfung durch die Revisionsinstanz ist daher nicht möglich. Das Revisionsgericht kann den Rechtsfolgenausspruch lediglich auf Rechtsfehler hin überprüfen.

Nur der Tatrichter ist in der Lage, sich ein vollumfängliches Bild von der Tat und der Persönlichkeit des Täters zu machen. Dieser persönliche Eindruck des Tatrichters kann daher nicht nachgeprüft werden.

Zu den Details einer korrekten Strafzumessung KK 125 ff., hier soll nur ein Überblick über mögliche revisible Fehler gegeben werden.

Welche rechtlichen Fehler kommen vor allem im Zusammenhang mit der Strafzumessung in Betracht?

Strafrahmen / Doppelverwertung / Gesamtstrafe / Bewährung / Sicherungsmaßregeln

1. Der Strafrahmen wird nicht richtig bestimmt. Naheliegende Möglichkeiten eines minder oder besonders schweren Falls werden überhaupt nicht geprüft. Ein in Betracht kommender vertypter Milderungsgrund des Allgemeinen Teils wird nicht erörtert. (Prüfungsreihenfolge: minder schwerer Fall vor Milderungsgrund, vgl. § 49 I StGB)
2. Unter Verstoß gegen § 46 III StGB werden Umstände doppelt verwertet. Ähnlich sind folgende Fälle: Strafzumessungsirrelevante Umstände werden berücksichtigt oder das Fehlen strafmildernder Umstände wird als strafschärfendes Argument herangezogen.
3. Eine Gesamtstrafe (insbesondere eine nachträgliche) wird unrichtig gebildet. Die Gesamtstrafe ist in §§ 53, 54, 55 StGB geregelt.
4. Das Gesetz regelt ausdrücklich einige besondere Begründungserfordernisse, so bei Verhängung einer kurzen Freiheitsstrafe nach § 47 StGB oder bei der Strafaussetzung zu Bewährung. Hier muss jeweils genau dargelegt werden, warum dies erfolgt bzw. nicht erfolgt ist. Liegt keine Begründung vor, ist dies ein revisibler Rechtsanwendungsfehler.
5. Maßregeln der Besserung und Sicherung werden fälschlicherweise verhängt oder rechtsirrig übersehen.

Erarbeiten Sie sich zunächst im Folgenden das korrekte Vorgehen bei der Strafzumessung. Hier ist es wichtig, Verknüpfungen herzustellen – machen Sie sich in der Revision den Aufbau einer Strafzumessung klar, aber auch, dass diese nur begrenzt überprüft werden kann. Bei der Abfassung eines Urteils seien Sie sich dagegen der möglichen Fehler eines Urteils bewusst, um diese gerade nicht zu machen.

Abschließend empfiehlt es sich bei einer gutachtlichen Revisionsklausur, die durchgeführte Prüfung zu einem Ergebnis zusammenzufassen. Beantworten Sie dabei knapp folgende Fragen:

Soll die Revision eingelegt werden, in welchem Umfang und unter Beachtung welcher Fristen (für den Fall, dass sie noch nicht eingelegt wurde)?

Welche Rügen haben Aussicht auf Erfolg?

Welcher Antrag ist zu stellen (§§ 353, 354)?

Welche Anträge sind unter welchen Voraussetzungen zu stellen?

Aufhebung und Zurückverweisung, §§ 353, 354 II	Aufhebung und Freispruch, §§ 353 I, 354 I	Aufhebung und Einstellung, §§ 353 I, 354 I
Die Zurückverweisung ist der Regelfall. Immer dann, wenn ein Freispruch oder eine Einstellung nicht in Betracht kommt, ist das Urteil mitsamt den getroffenen Feststellungen aufzuheben und zur erneuten Verhandlung zurückzuverweisen.	Ein Freispruch hat zu erfolgen, wenn aufgrund der getroffenen Ergebnisse eine Verurteilung nicht in Betracht kommt. Achtung: Die getroffenen Feststellungen dürfen nicht mit aufgehoben werden, da sie Grundlage des Freispruchs sind!	Eine Einstellung ist bei Vorliegen eines Prozesshindernisses zu beantragen, diese kann vom Revisionsgericht selbst vorgenommen werden.

Arbeiten Sie gerade bei den Anträgen sehr sorgfältig. Hier zeigt sich für den Korrektor Ihre Praxistauglichkeit. Daher ist die Ausformulierung von Vorteil. Wenn Sie jedoch keine Zeit mehr haben, sparen Sie sich die Ausformulierung, bevor Sie dabei einen Fehler machen. Merken Sie dann nur in eigenen Worten an, was zu beantragen wäre.

Beachten Sie auch § 354 Ia und Ib: Insoweit hat der Gesetzgeber Möglichkeiten geschaffen, eine Zurückverweisung zu vermeiden. Dies dient der Verfahrensbeschleunigung.

Liegt im Klausursachverhalt eine bereits begründete Revision vor, unterscheidet sich das Gutachten in einigen Aspekten von dem bisher Dargestellten. Bei der Beurteilung der Erfolgsaussichten ist gerade die Revisionsbegründung zu prüfen und auf deren Erfolg abzustellen, d.h. die einzelnen Rügen dieses Schriftsatzes sind daraufhin zu untersuchen, ob sie den gestellten Antrag stützen.

Erst im Hilfsgutachten sind dann gegebenenfalls weitere Fehler der vorherigen Instanz darzustellen, es erfolgt am Ende der Klausur und enthält alle nicht oder nicht zulässig gerügten Verfahrensfehler.

Welche Besonderheiten können bei diesem Gutachten auftauchen?

I. Zulässigkeit: Grundsätzlich wie bei Klausurtyp 1; Besonderheiten

1. Die Frist für die Revisionsbegründung (§ 345) ist zu überprüfen.
2. Bei der Form genügt in der Zulässigkeit, dass zumindest eine Rüge in zulässiger Weise erhoben wurde - was meist schon hinsichtlich der in der Begründung enthaltenen Sachrüge der Fall ist. Es muss hier noch nicht bei jeder Rüge § 344 II S. 2 überprüft werden.

II. Begründetheit

1. Zweistufige Prüfung der erhobenen Verfahrensrügen (KK 101)
   a. Zulässigkeit der Verfahrensrüge
   b. Begründetheit der Verfahrensrüge
2. Prüfung der Sachrüge (KK 94 ff., 103)

III. Ergebnis (KK 99, 104)

IV. Hilfsgutachten

Grundsätzlich können Sie also die Erkenntnisse aus der vorherigen Darstellung auch bei diesem Klausurtyp anwenden. Ein wichtiger Unterschied ergibt sich allerdings aus § 344 II S. 2, vgl. dazu die nachfolgende KK 101.

In der Begründetheit sind bei diesem Klausurtyp die erhobenen Verfahrensrügen und die Sachrüge zu prüfen. Bei der Prüfung der Verfahrensrügen ergibt sich wegen § 344 II S. 2 ein erheblicher Unterschied zur vorher erörterten Prüfung. Denn in dieser Norm ist geregelt, dass eine Verfahrensrüge inhaltlich überhaupt nur dann überprüft wird, wenn sie den formellen Voraussetzungen entspricht.

Es muss also eine zweistufige Prüfung der Verfahrensrüge erfolgen:

⇨ Zulässigkeit der Verfahrensrüge

⇨ Begründetheit der Verfahrensrüge

Wie ist die Prüfung einer Verfahrensrüge aufzubauen? Welche Rechtsfolge hat ein Verstoß gegen diese Grundsätze?

1. Zulässigkeit der Verfahrensrüge

Für die Zulässigkeit reicht es grundsätzlich aus, dass der Tatsachenvortrag schlüssig ist. Allerdings gibt es einen in der Praxis üblichen Aufbau für eine Verfahrensrüge:

a) Einleitungssatz: Nennung der verletzten Normen (für die Zulässigkeit nicht zwingend)
b) Schlüssiger Tatsachenvortrag: Feststellbarkeit des Verfahrensfehlers auf Grund der Darlegung ohne weiteren Blick in die Akten (für die Zulässigkeit zwingend)
c) Beweisangebot: Protokoll, Urteil, Freibeweis (für die Zulässigkeit nicht zwingend)
d) Rechtsausführungen: Darstellung des Gesetzesverstoßes der dargestellten Tatsachen (für die Zulässigkeit nicht zwingend)
e) Darlegung des Beruhens: bei § 337 Darstellung, inwieweit das Urteil auf dem Verfahrensfehler beruht (für die Zulässigkeit nicht zwingend)

2. Begründetheit der Verfahrensrüge

a) Darstellung des Verfahrensfehlers
b) Ggf. Ausführung zur Erwiesenheit des Fehlers, Beschwer, Verwirkung, Heilung
c) Prüfung des Beruhens des Urteils
   - ⇨ absoluter Revisionsgrund: Zitat der entsprechenden Variante des § 338
   - ⇨ relativer Revisionsgrund: Möglichkeit des Ursachenzusammenhangs

Beachten Sie bei dieser Prüfung genau die Rechtsfolge eines möglichen Verstoßes. Prüfen Sie jede eingelegte Verfahrensrüge sorgfältig durch und stellen Sie fest, ob die gegebenen Formverstöße zur Unzulässigkeit führen oder nicht, prüfen Sie bei Unzulässigkeit entweder an dieser Stelle oder im Hilfsgutachten hilfsweise die Begründetheit. Hinsichtlich der Begründetheit gilt inhaltlich dasselbe wie in der ersten Klausurvariante. Erarbeiten Sie sich zum einen die Formulierung von Verfahrensrügen, aber auch die Formulierung Ihrer exakten Prüfung anhand von Klausurlösungen und Beispielsfällen.

Auch die Aufklärungsrüge ist grundsätzlich eine Verfahrensrüge, ihre Prüfung erfolgt also ebenfalls nach Zulässigkeit und Begründetheit.

Eine Besonderheit liegt jedoch darin, dass mit der Aufklärungsrüge ein Verstoß gegen die Untersuchungspflicht des Gerichts geltend gemacht wird. Dieser muss auf einer weitreichenden Einschätzung der durchgeführten Sachverhaltsaufklärung basieren, und dem Revisionsgericht zeigen, warum die fehlende Aufklärung durch das Gericht nicht mehr vertretbar erscheint, so dass inhaltlich an diese Rüge besondere Anforderungen zu stellen sind.

Welche Voraussetzungen muss eine wirksame Aufklärungsrüge erfüllen?

Da hinreichend bestimmt dargelegt werden muss, dass das Gericht eine offensichtlich aufklärungspflichtige Tatsache trotz erkennbarer Aufklärungsmöglichkeit nicht untersucht hat, ist bei der Aufklärungsrüge folgender Aufbau zu erfüllen:

⇨ Bezeichnung der aufklärungspflichtigen Tatsache

⇨ Darlegung des andernfalls wohl gefundenen, konkreten Beweisergebnisses in Form einer Tatsachenbehauptung

⇨ Bezeichnung des für die Aufklärung zu Verfügung stehenden Beweismittels

⇨ Darlegung der Offensichtlichkeit der Aufklärungspflicht und der Aufklärungsmöglichkeit für das Gericht

⇨ Beruhensnachweis

Die Aufklärungsrüge ist insbesondere deshalb problematisch, weil hier nicht ausreicht, dass der Revisionsführer das gefundene Beweisergebnis für falsch hält und zu einem anderen Ergebnis kommen will – das Revisionsgericht ist keine Tatsacheninstanz. Es muss daher hinreichend bestimmt dargelegt werden, dass die fehlende Aufklärung durch das erstinstanzliche Gericht an dieser Stelle nicht mehr vertretbar war, also einen Rechtsfehler darstellt.

Die Bestimmtheit ist dabei eine Voraussetzung für die Zulässigkeit der Verfahrensrüge. Ob dann tatsächlich ein Verstoß gegen die Aufklärungspflicht vorliegt, ist in der Begründetheit der Rüge zu prüfen.

Bei der Sachrüge ist § 344 II S. 2 nicht anwendbar. Daher ist eine besondere Form für deren Vorbringen nicht erforderlich, es genügt eine allgemeine Erhebung dieser Rüge, um die Prüfung sämtlicher materieller Probleme durch das Revisionsgericht vornehmen zu lassen.

Selbst wenn der Revisionsführer einige materielle Probleme ausführlicher darstellt, beschränkt er damit die Prüfung nicht auf diese.

Somit ist in dieser Konstellation – sobald die allgemeine Sachrüge erhoben wurde – immer eine vollständige Überprüfung des materiellen Rechts vorzunehmen. Dabei ist wie beim ersten Klausurtyp vorzugehen.

Wie kann eine Beschränkung der Überprüfung des Revisionsgerichts erfolgen?

In manchen Fallgestaltungen mag es für den Revisionsführer nicht von Vorteil sein, wenn das Revisionsgericht das materielle Recht vollumfänglich überprüft. Es gilt zwar grundsätzlich das Verschlechterungsverbot, allerdings mag es Konstellationen geben, in denen auch das nicht weiterhilft, weil es sich auf das Ergebnis beschränkt.
Bsp.: Das Gericht hat zu Unrecht wegen einer einfachen statt einer schweren Körperverletzung schuldig gesprochen. Allerdings hat es bei der Strafzumessung einen falschen Strafrahmen zugrunde gelegt und daher eine zu hohe Strafe ausgesprochen. Überprüft das Revisionsgericht nun voll, kann es zwar sein, dass der Fehler in der Strafzumessung berücksichtigt wird, wegen des falschen materiellen Schuldspruchs aber dieselbe Strafe verhängt werden kann. Hier wäre es für den Angeklagten von Vorteil, wenn keine uneingeschränkte Prüfung erfolgen würde.

Beschränkung der Revisionseinlegung gem. § 344 I (vgl. Wortlaut „inwieweit"):

⇨ Beschränkung auf einzelne Angeklagte

⇨ Beschränkung auf einzelne prozessuale Taten

⇨ Beschränkung auf die Strafzumessung

Beachten Sie:

1. Eine Beschränkung ist immer dann möglich, wenn für den eingelegten Teil eine eigene Aburteilung möglich ist.
2. Eine Beschränkung kann auch konkludent erfolgen, wenn eine eindeutige Auslegung das ergibt.
3. Eine unzulässige Beschränkung führt nicht zur Unzulässigkeit der eingelegten Revision, sondern zu einer unbeschränkten Revision.

Grenzen Sie die von Anfang an beschränkt eingelegte Revision von der Teilrücknahme einer zunächst unbeschränkten Revision ab. Nur für den letzteren Fall gilt § 302 II.

Auch in diesem Klausurtyp, wie eigentlich bei allen gutachtlichen Klausuren, empfiehlt es sich, am Ende eine kurze Zusammenfassung des gefundenen Ergebnisses zu verfassen.

Dabei sollten Sie am besten mit in Betracht kommenden Verfahrenshindernissen, die aber nicht vorliegen, beginnen. Anschließend ist eine Zusammenstellung der Verfahrensrügen, die keinen Erfolg haben, und der Verfahrensrügen, auf die sich eine Revision stützen lässt, zu verfassen. Zum Schluss ist eine kurze Beurteilung der Erfolgsaussichten der Sachrüge abzugeben.

Egal zu welchem Ergebnis Sie gelangen, am Ende wird in dieser Klausurkonstellation von Ihnen der Vorschlag eines Tenors erwartet.

Erarbeiten Sie sich die Kostenentscheidung im Tenor anhand von Übungsfällen und des Kommentars, hier geht es nur um eine korrekte Gesetzesanwendung, §§ 464 ff.

Welche Tenorkonstellationen gibt es?

1. Entscheidung aufgrund einer Hauptverhandlung

a) Verwerfung als unzulässig: „Die Revision des Angeklagten gegen das Urteil des LG Würzburg vom 12.07.2021 wird verworfen."

b) Verwerfung als unbegründet: „Die Revision der Staatsanwaltschaft gegen das Urteil des AG Coburg vom 03.05.2021 wird verworfen."

c) Aufhebung und Einstellung wegen eines Verfahrenshindernisses, §§ 353 I, 354 I: „Auf die Revision des Angeklagten hin wird das Urteil des LG München I vom 04.01.2021 aufgehoben und das Verfahren eingestellt."

d) Aufhebung und Freispruch, §§ 353 I, 354 I: „Auf die Revision der Staatsanwaltschaft wird das Urteil des LG Würzburg vom 18.06.2021 aufgehoben und der Angeklagte freigesprochen."

e) Aufhebung und Zurückverweisung §§ 353, 354 II:

aa) „Auf die Revision des Angeklagten wird das Urteil des LG München I vom 10.05.2021 mit den zugrundeliegenden Feststellungen aufgehoben.

bb) Die Sache wird zur neuen Verhandlung und Entscheidung an eine andere Strafkammer des Landgerichts zurückverwiesen."

2. Sonderfälle

⇨ Verwerfung als unzulässig oder unbegründet durch Beschluss, § 349 I oder II

⇨ Eigene Entscheidung des Revisionsgerichts gemäß § 354 I

⇨ Aufhebung des Urteils durch Beschluss, § 349 IV

⇨ Entscheidung über die Rücknahme der Revision, § 473 I

⇨ Vollständige Einstellung gem. §§ 153 ff.

Mangels großer Klausurrelevanz werden die Sonderfälle nicht ausführlicher dargestellt, lesen Sie dazu gegebenenfalls weiterführende Ausbildungsliteratur. Beschäftigen Sie sich auch mit denjenigen Sonderfällen, in denen über einzelne Teile der Revision unterschiedlich entschieden wird.

Fertigung einer Revisionsbegründungsschrift

Eine durchaus beliebte Klausurvariante ist das Fertigen einer anwaltlichen oder staatsanwaltlichen Revisionsbegründungsschrift.

Dabei wird vom Bearbeiter ein praxisgerechter Schriftsatz erwartet, der alle aufgeworfenen rechtlichen Probleme, soweit sie in diesem Schriftsatz Sinn machen, löst und sorgfältig differenziert, welche Probleme besser im Hilfsgutachten anzusprechen sind.

Lesen Sie dazu die Musterklausuren in den hemmer-Skripten Assessor Basics, „Klausurentraining Strafprozess“, Fall 7, und „Die öffentlich-rechtliche und strafrechtliche Anwaltsklausur“, Fall 1.

Bedenken Sie nochmals: Da es hier besonders um Klausurtaktik, saubere Formulierung und sicheren Aufbau geht: selbst Klausuren schreiben!

Welchem Grobaufbau folgt die Erstellung einer Revisionsbegründungsschrift?

1. Schriftsatz

a) Rubrum
b) Antragsstellung
c) Begründung der Anträge
  ⇨ bestehende Verfahrenshindernisse
  ⇨ Verfahrensrügen (§ 338 vor § 337)
  ⇨ Sachrüge
d) Unterschrift

2. Hilfsgutachten

Beachten Sie beim Verfassen eines solchen Schriftsatzes: Als perfekter Anwalt bzw. Staatsanwalt dürfen Sie sich natürlich nicht darauf ausruhen, dass bestimmte Formmängel einer Verfahrensrüge nicht zu ihrer Unzulässigkeit führen oder das Gericht nach der allgemeinen Sachrüge ohnehin eine vollumfängliche materielle Prüfung vornimmt. Sie müssen diese Punkte vollumfänglich und möglichst fehlerfrei darstellen, insbesondere auch jeden in Betracht kommenden materiellen Fehler ausführen.

Beachten Sie ferner, dass sich im Schriftsatz keinerlei Ausführungen zur Zulässigkeit finden – es wird davon ausgegangen, dass ein Revisionsführer selbstverständlich eine zulässige Revision erhebt. Diese Problematik findet sich grundsätzlich im Hilfsgutachten, das bei diesem Klausurtyp eine erhebliche Bedeutung hat.

Den Aufbau des Rubrums kann man einer Formularsammlung oder Musterklausuren entnehmen. Wichtig ist hier nur der richtige Adressat (§ 345 I: das Gericht, das entschieden hat = „iudex a quo") und die Beachtung der Frist des § 345 I bei der Datierung des Schriftsatzes.

Schwieriger gestaltet sich im Folgenden die Stellung der Anträge. Dabei muss der Klausuren Bearbeiter vorab durch eine Gliederung schon das Ergebnis der Revision erarbeitet haben. Nur so kann beurteilt werden, ob das gesamte Urteil angegriffen oder die Revision beschränkt eingelegt werden soll. Des Weiteren kann nur so entschieden werden, ob eine Verfahrenseinstellung oder gar ein Freispruch beantragt werden kann.

Welche Anträge kommen in Betracht?

Grundsätzlich können Sie bei der Antragstellung von einer Entscheidung nach einer Hauptverhandlung ausgehen, da dies der absolute Regelfall ist.
Bei den verschiedenen Antragsvarianten können Sie daher auf die in KK 104 entwickelten Grundsätze zurückgreifen:

⇨ Aufhebung mit Feststellungen und Zurückverweisung

⇨ Aufhebung ohne Feststellungen und Freispruch

⇨ Aufhebung ohne Feststellungen und Einstellung

Besonderheiten gelten nur dann, wenn:

⇨ teilweise Freispruch oder Einstellung, teilweise Zurückverweisung

⇨ Freispruch oder Einstellung und hilfsweise Zurückverweisung

⇨ Beschränkte Überprüfung des Urteils (Trennbarkeitsformel)

beantragt wird.

Diese Varianten hängen vom Ergebnis der Gliederung ab. Trennen Sie zwischen verschiedenen Taten (Achtung: hier nach §§ 52, 53 StGB und nicht nach § 264 prüfen) und zwischen Schuldspruch und Strafzumessung. Überlegen Sie, ob einzelne Taten rechtlich und tatsächlich selbständig sind und deshalb getrennt geprüft werden können. Überprüfen Sie anschließend jeweils die Erfolgsaussichten und beurteilen Sie dann, welchen Antrag Sie hinsichtlich welchen Teils stellen können und ob ein hilfsweiser Antrag – falls Freispruch oder Einstellung nicht hundertprozentig sicher sind – in Betracht kommt.

Hier gilt es, eine gewisse Klausurtaktik zu entwickeln und selbst immer wieder durch das eigene Formulieren von Anträgen zu üben. Lesen Sie insoweit Formulierungsbeispiele in Klausurlösungen durch.

Die gestellten Anträge sind daraufhin zu begründen, § 344 I a.E.

Dabei ist mit bestehenden Verfahrenshindernissen zu beginnen. Diese sind grundsätzlich von Amts wegen zu prüfen, bringen Sie das auch in Ihrer Formulierung zum Ausdruck (*Bsp.: „Vorab möchte ich auf das Fehlen folgender, von Amts wegen zu beachtender Prozessvoraussetzung hinweisen: (...)“*).

Anschließend erfolgt eine sorgfältige und substantiierte Begründung der erfolgversprechenden Verfahrensrügen, dieser Teil beginnt mit dem Satz: „Ich rüge die Verletzung formellen Rechts.“ Erfolgsversprechend sind bei einer Anwaltsklausur auch die Verfahrensrügen, die nur auf eine Mindermeinung gestützt werden können – grundsätzlich ist alles zugunsten des Mandanten zu versuchen. Tragen Sie aber der Examenssituation Rechnung: Sie werden von Richtern und Staatsanwälten korrigiert. Eine gesicherte Wahrscheinlichkeit, dass die Rüge Erfolg hat, sollte daher schon bestehen. Beginnen Sie mit den Rügen des § 338 und gehen dann auf die relativen Revisionsgründe (§ 337) ein.

Wie ist eine Verfahrensrüge aufzubauen?
Wie ist anschließend die Sachrüge zu prüfen?

Verfahrensrüge

Besonderheiten:

⇨ Keine Ausführungen zur Zulässigkeit der Rüge - diese muss sich aus sich selbst heraus ergeben

⇨ Beim schlüssigen Tatsachenvortrag empfiehlt es sich, Anträge und Beschlüsse wortwörtlich in direkter Rede wiederzugeben.

⇨ Beweisbarkeit: Besonders gut kommt es beim Korrektor an, wenn man zeigt, dass manche Umstände nicht der Beweiskraft des Protokolls zugänglich sind und man stattdessen ein Freibeweismittel anbietet.

⇨ Rechtsausführungen sind im Examen unumgänglich

⇨ Auf das Beruhen nur bei § 337 eingehen

Sachrüge

In der Examensklausur reicht keinesfalls die allgemeine Sachrüge. Es müssen in der Klausur konkrete Fehler aufgezeigt werden. Vgl. Sie dazu KK 94-98. Zeigen Sie nur die Fehler auf, keinesfalls welcher Straftatbestand stattdessen gegeben ist (dies gehört gerade bei der Rechtsanwaltsklausur ins Hilfsgutachten).

Unterschrift nach § 345 II nicht vergessen!

Machen Sie sich bei der Bearbeitung immer Sinn und Zweck der Revisionsbegründung klar. Als Staatsanwalt müssen Sie umfänglich eine richtige Rechtsanwendung bewirken. Als Anwalt aber handeln Sie im Interesse Ihres Mandanten – daher dürfen Sie in der Revisionsbegründung auch nichts für ihn Negatives darlegen. Dies gehört ins Hilfsgutachten. Ein Fehler in diesem Bereich würde wegen fehlender Praxistauglichkeit in jedem Fall zu deutlichem Punktabzug führen.

Bei dieser Klausurvariante ist das Hilfsgutachten von erheblicher Bedeutung. Denn in der Revisionsbegründungsschrift dürfen von vorneherein nur die erfolgreichen Rügen dargestellt werden, während das für den Mandanten Nachteilige nicht in dem Schriftsatz zu erwähnen ist. Dies muss ins Hilfsgutachten.

Achten Sie auf einen sorgfältigen Aufbau des Hilfsgutachtens und planen Sie dieses auch zeitlich bei der Bearbeitung mit ein!

Welcher Aufbau bietet sich im Rahmen dieses Hilfsgutachtens an?

1. Zulässigkeit der Revision: Beschränkung auf das Wesentliche und Problematische
2. Offene materielle Fragen: alle Probleme, die zwar in Betracht kommen, aber letztendlich doch nicht zum Erfolg führen

   a) Mögliche Verfahrenshindernisse
   b) Verfahrensfehler, die die Revision nicht begründen, weil

      ⇨ letztlich doch kein Gesetzesverstoß vorliegt,
      ⇨ der Verfahrensfehler durch Wiederholung des entsprechenden Hauptverhandlungsteils geheilt wurde,
      ⇨ die Rüge des Verfahrensfehlers verwirkt wurde oder der erforderliche Widerspruch nicht rechtzeitig erhoben wurde (§§ 238 II, 257),
      ⇨ das Urteil nicht auf dem Fehler beruht oder
      ⇨ das verletzte Gesetz nicht den Revisionsführer schützen soll und dieser daher nicht beschwert ist (Rechtskreistheorie)

   c) Sachrüge: alle Rechtsfragen, die für den Mandanten bei Vorbringen im Schriftsatz nachteilig wären, und alle materiellen Normen, die von der Vorinstanz korrekt angewendet wurden

Achten Sie auf eine kurze und knappe Sprache im Hilfsgutachten. Setzen Sie bewusst Schwerpunkte und verwenden Sie grundsätzlich den Urteilsstil.

Auch ein Berufungsurteil ist mit der Revision anfechtbar. Dabei gelten grundsätzlich die allgemeinen Regeln. Es können auch hier Verfahrenshindernisse zur Einstellung führen, Verfahrensrügen geltend gemacht werden und auch hier erfolgt eine volle Überprüfung der Anwendung des materiellen Rechts i.R.d. Sachrüge.

Welche Besonderheiten sind bei einer Revision gegen ein Berufungsurteil zu beachten?

1. Prüfung von Amts wegen

   ⇨ allgemeine Verfahrensvoraussetzungen, insbesondere sachliche Zuständigkeit von erstinstanzlichem Gericht und Berufungsgericht

   ⇨ Zulässigkeit der Berufung; keine Rüge der Entscheidung über die Annahme, § 322a S. 2

   ⇨ Wirksamkeit und Einhaltung einer Berufungsbeschränkung

   ⇨ Beachtung des Verschlechterungsverbots, § 331 (str., aber nach h.M. von Amts wegen zu berücksichtigen)

2. Nicht angreifbar ist dagegen, dass die Verwerfung unzulässig war, §§ 319 II, 322 II i.V.m. § 336 S. 2
3. Besonderheiten bei Zurückverweisung oder Verwerfung der Berufung, §§ 328 II, 329 I
   In der Revision wird nur die rechtliche Richtigkeit der angegriffenen Entscheidung geprüft, nicht etwa, ob der Angeklagte tatsächlich erschienen ist (§ 329 I). Auch das materielle Recht wird nicht geprüft, da das Berufungsgericht darüber nicht entschieden hat, sondern eben nur aus diesen Gründen verworfen oder zurückverwiesen hat.
4. Heilung von Verfahrensfehlern der ersten Instanz möglich (Nachholung)

Im Prinzip ist eine Revision gegen ein Berufungsurteil eine verlockende Klausurvariante. Denn so können auch noch Probleme dieses Rechtsmittels eingebaut und das Systemverständnis des Klausurbearbeiters abgeprüft werden. Beschäftigen Sie sich überblicksartig mit der Berufung und machen Sie sich insbesondere bewusst, warum die meisten formellen Voraussetzungen in diesem Bereich von Amts wegen zu prüfen sind.

Eigenständige Revisionseinlegung

Der Nebenkläger kann selbständig und unabhängig vom Staatsanwalt Revision einlegen. Er kann sogar allein zu diesem Zweck Nebenklage erheben, § 395 IV S. 2 sowie § 401.

Voraussetzung ist jedoch, dass der Nebenkläger überhaupt zum Anschluss an das Verfahren befugt ist, § 395, und den Anschluss ordnungsgemäß erklärt hat, § 396. Diese Voraussetzungen werden von Amts wegen überprüft, wenn allein der Nebenkläger Revision einlegt.

Welche Probleme können sich bei der Revision des Nebenklägers ergeben?

HEMMER-METHODE zu ÜK 110 StrafR

1. Der Nebenkläger kann - im Gegensatz zum Staatsanwalt - nur zuungunsten des Angeklagten Revision einlegen, da er nur seine eigenen Interessen vertritt. Rechtsfolge: Der Nebenkläger darf sich nicht auf die Verletzung von Normen stützen, die allein dem Schutz des Angeklagten dienen, § 339 analog.
2. Der Nebenkläger kann gem. § 400 I nur die Fehlerhaftigkeit des Schuldspruchs (nicht der Strafhöhe!) geltend machen, und auch nur hinsichtlich des Nebenklagedelikts.
3. Es genügt nicht die allgemeine Sachrüge, da deutlich gemacht werden soll, dass gerade keine bloße Strafschärfung bezweckt wird, vgl. 2. Es muss dargelegt werden, dass und welche nebenklagefähige Rechtsverletzung gerügt wird.
4. In der Zulässigkeit sind insbesondere die Fristen aus § 401 I S. 3, II und auch die analoge Anwendung des § 390 II zu beachten.
5. Eine Revision wegen Nichtzulassung als Nebenkläger kommt nur in Betracht, wenn das Urteil darauf beruhen kann (nur § 337; § 338 Nr. 5 greift nicht). Das ist nur der Fall, wenn Fehler hinsichtlich des Nebenklagedelikts und hinsichtlich des Schuldspruchs ersichtlich sind, die der Nebenkläger auch geltend machen kann.

Die Revision des Nebenklägers ist in der Regel nur eine von mehreren in der Klausur eingelegten Revisionen, da sie von vorneherein einigen Beschränkungen unterliegt. Lesen Sie sich die Normen der Nebenklage einmal selbst durch und versuchen Sie, den Sinn und Zweck zu verstehen – es geht in erster Linie um die persönlichen Interessen des Nebenklägers, dies ist auch bei der Zulässigkeit der Revision zu berücksichtigen.

Auch dem Abfassen von Strafurteilen kommt eine erhebliche Examensbedeutung zu. Vor allem wegen der Besonderheit der Strafzumessung mit ihren unterschiedlichen Problemen ist dies eine gern geprüfte Variante.

Auf welche Art kann eine Hauptverhandlung beendet werden?

Welche unterschiedlichen Arten von Urteilen gibt es?

Beendigung der Hauptverhandlung

- Urteil
- Einstellungsbeschluss gem. §§ 153 II, 153a II i.V.m. 467 V, 154 II
- Tod des Angeklagten Einstellung nach § 206a

Urteilsarten

Einstellungsurteil, wenn Prozessvoraussetzungen fehlen oder Prozesshindernis vorliegt

⇨ Formelle Rechtskraft

Sachurteil (Entscheidung über den Schuldvorwurf)

⇨ Freispruch
⇨ Verurteilung
⇨ gemischte Entscheidung

⇨ Strafklageverbrauch

Verwechseln Sie nicht den Einstellungsbeschluss und das Einstellungsurteil, ersteres betrifft Ermessensentscheidungen des Gerichts, während bei letzterem ein Urteil ergeht.

Das Einstellungsurteil erwächst in formelle Rechtskraft, führt aber anders als ein Sachurteil gerade nicht zum Strafklageverbrauch. Das bedeutet, dass bei einem behebbaren Prozesshindernis nach dessen Wegfall erneut eine Anklage möglich ist. Art. 103 III GG greift nicht, da gerade nicht über den Schuldvorwurf entschieden wurde.

Den Aufbau eines Urteils können Sie in vielen Bereichen – etwa hinsichtlich der Abfassung des Rubrums – den Formularsammlungen und ergänzend dem Kommentar entnehmen.

Lernen Sie nichts Überflüssiges auswendig. Es gibt genügend Einzelheiten, die Sie sich merken und verstehen müssen. Nutzen Sie daher in den Grenzen des Zulässigen die möglichen Hilfsmittel.

Wie wird ein Strafurteil aufgebaut?

Urteil ergeht „Im Namen des Volkes“, vgl. § 268 I

Rubrum, § 275 III

Tenor, § 260 IV

Gründe, § 267

Angewandte Vorschriften, § 260 V

Unterschrift(en), § 275 II

Sinn des Urteils ist zum einen, die Beteiligten über das Ergebnis und die Gründe zu informieren. Es wird festgelegt, gegen welchen Angeklagten und über welche Tat das Urteil gesprochen wurde, und es wird der Umfang des Strafklageverbrauchs bestimmt. Zum anderen ist das Urteil Grundlage für die rechtliche Überprüfung des Gerichts durch höhere Instanzen, so dass die Gründe sowohl für den Laien verständlich sein müssen, aber auch für Fachkundige als Grundlage ihrer Beurteilung der Richtigkeit des Urteils dienen sollen.

Nicht näher dargestellt werden hier die Details des Rubrums – lesen Sie dazu einige Klausurlösungen und verwenden Sie die Formularsammlung. Hier ist vor allem wichtig, durch Üben eine gewisse Routine zu erlangen, um nicht unnötig wertvolle Zeit zu verlieren.

Der Tenor trifft eine umfassende Entscheidung über alles, was angeklagt und durch Eröffnungsbeschluss zur Hauptverhandlung zugelassen wurde. Er muss die im Eröffnungsbeschluss zugelassene Anklage umfassend erledigen – hauptsächlich, weil der Angeklagte ein Recht darauf hat, dass über alles, weswegen er angeklagt wurde, auch entschieden wird und er nach einer Strafverhandlung nicht über das Ergebnis im Unklaren gelassen wird.

Das heißt, wenn das Ergebnis keine vollständige Verurteilung ist, kann ein Teilfreispruch erforderlich sein.

Wonach ist hinsichtlich der Notwendigkeit eines Teilfreispruchs zu unterscheiden?

Nach dem Eröffnungsbeschluss lag vor:

Tatmehrheit, § 53 StGB	Tateinheit, § 52 StGB
Teilfreispruch hinsichtlich der nicht verurteilten Taten	Innerhalb einer Tat entweder Freispruch oder Verurteilung

Beachten Sie: Bei der Beurteilung, ob ein Teilfreispruch zu erfolgen hat, ist nicht wie bei der Einstellung dem prozessualen Tatbegriff zu folgen – denn hier geht es um ein materielles Ergebnis, während es bei der Frage der Einstellung um eine prozessuale Entscheidung geht.

Grundsätzlich ist der Einteilung des Eröffnungsbeschlusses zu folgen, weil dieser den Ausgangspunkt für die Hauptverhandlung gab, in ihm ist der Vorwurf beschrieben, mit dem sich der Angeklagte konfrontiert sah – er soll am Ende der Hauptverhandlung das Ergebnis dieses Vorwurfs erkennen und sehen können, wegen was er verurteilt und wegen was er freigesprochen wurde.

Gesetzlich geregelt ist der Inhalt des Tenors bei einer Verurteilung in § 260 IV.

Der Tenor soll ein verständliches und knappes Ergebnis des Verfahrens darstellen, und so ist er auch zu formulieren: knapp, verständlich und übersichtlich.

Wie ist ein Tenor bei Verurteilung aufzubauen?

Wie lautet der Inhalt des Schuldspruchs?

1. Schuldspruch: Wegen welcher Tat(en) hat sich der Angeklagte strafbar gemacht?
2. Rechtsfolgenausspruch: Wie ist er für diese Tat zu bestrafen? (KK 115)
3. Kostenentscheidung: Wer trägt die Kosten des Strafprozesses? (KK 117)

Zu 1.: Schuldspruch
Im Schuldspruch ist zu bezeichnen, welche Taten der Angeklagte begangen hat. Im Einzelnen:

⇨ rechtliche Bezeichnung der Tat durch Verwendung der gesetzlichen Überschriften, § 260 IV S. 2
⇨ Teilnahmeform (+)
⇨ Art des verabredeten Verbrechens bei § 30 II Var. 3 StGB (+)
⇨ Versuch und Qualifikation (+)
⇨ Schuldform (vorsätzlich oder fahrlässig) (+)

Konkurrenzen:

⇨ § 52 StGB: „in Tateinheit mit“
⇨ § 53 StGB: „in Tatmehrheit mit“
Wahlfeststellung: „oder“

Der Tenor ist das Aushängeschild Ihrer Klausur. Er ist das, was der Korrektor als erstes und mit besonderer Aufmerksamkeit lesen wird.

Merken Sie sich in Kurzform: In den Schuldspruch kommt alles, was für die Qualifikation der Tat relevant ist, nicht dagegen Vorschriften, die allein den Rechtsfolgenausspruch betreffen. Deshalb kommen z.B. Regelbeispiele oder eine Milderung gemäß § 21 nicht in den Schuldspruch.

Ein Tenor, der schuldig spricht, muss zugleich notwendig die Rechtsfolgen dieses Schuldspruchs bestimmen. Die Art und die Höhe der Strafe ergeben sich aus der getroffenen Strafzumessung.

Der Rechtsfolgenausspruch muss knapp und bestimmt erfolgen. Er darf nur die ganz konkrete Rechtsfolge enthalten und keinerlei Begründung oder weitere Ausführungen.

Für den Ausspruch der Rechtsfolgen gibt es Standardformulierungen, lesen Sie dazu Klausurlösungen, aber im Rahmen Ihrer Station auch Urteile aus der Praxis.

Welche Rechtsfolgen kommen in Betracht?

1. Geldstrafe, §§ 40 ff. StGB: Angabe von Zahl der Tagessätze und Höhe des Tagessatzes, nicht jedoch die Gesamtsumme. Angabe von Zahlungserleichterungen nach § 42 StGB.
2. Freiheitsstrafe §§ 38 f. StGB: Angabe des Zeitraums i.R.d. § 39 StGB. Keine Angabe bei Anrechnung der Untersuchungshaft (nur wenn diese Anrechnung nicht erfolgt).
3. Bewährung, §§ 56 ff. StGB: Angabe, dass Vollstreckung zur Bewährung ausgesetzt wird, nicht jedoch hinsichtlich der Bewährungszeit, -auflagen oder -weisungen (gesonderter Beschluss, § 268a).
4. Gesamtstrafe, §§ 54 f. StGB: Angabe der Gesamtstrafe im Tenor, Einzelstrafen in den Gründen.
5. Nebenstrafen, Nebenfolgen, §§ 44 ff. StGB: Angabe im Tenor; besonders relevant: Fahrverbot, § 44 StGB. Keine Angabe der Anrechnung von § 111a oder § 94 (§ 51 I, V StGB).
6. Maßregeln der Besserung und Sicherung, §§ 61 ff. StGB: Angabe im Tenor; besonders relevant: Entziehung der Fahrerlaubnis und Sperre, §§ 69 f. StGB; Einziehung, §§ 73 ff. StGB.

Der Führerschein ist ein gern geprüftes Spezialproblem. Er ist an verschiedenen Stellen im Gesetz geregelt: endgültige Entziehung, §§ 69 f. StGB (Entziehung, Einziehung, Sperrfrist – lesen Sie dazu exakt den Gesetzestext, insbesondere § 69a IV StGB); Fahrverbot, § 44 StGB (wenn die Voraussetzungen des § 69 StGB nicht vorliegen); vorläufige Einziehung der Fahrerlaubnis, § 111a; Beschlagnahme des Führerscheins, § 94 III (keine Auswirkung auf Fahrerlaubnis).

Dieses Problem wird gern geprüft, weil es sich zum einen einfach in eine Klausur einbauen lässt und zum anderen die Praxisnähe des Examenskandidaten geprüft werden kann. Achten Sie bei der Bearbeitung von Klausurlösungen immer wieder darauf, wie solche kleineren Probleme (deren Bedeutung für den Gesamteindruck beim Korrektor keinesfalls unterschätzt werden sollte) gelöst werden.

Steht die Unschuld des Angeklagten fest oder kann seine Schuld nicht nachgewiesen werden ist er in dubio pro reo freizusprechen. Im Tenor darf hier aber keineswegs danach unterschieden werden, aus welchen Gründen der Freispruch erfolgt (nicht also: wegen erwiesener Unschuld oder aus Mangel an Beweisen).

Der Tenor lautet in diesen Konstellationen schlicht: „Der Angeklagte wird freigesprochen.“

Wenn dagegen das Verfahren aus prozessrechtlichen Gründen gar nicht bis zu dem Punkt gelangt, an dem darüber entschieden werden kann, ob der Angeklagte schuldig ist oder nicht, ist es einzustellen. Je nachdem, ob die Einstellung im Hauptverfahren in oder außerhalb der Hauptverhandlung erfolgt, ist § 260 III oder § 206a einschlägig.

Der Tenor einer solchen Entscheidung lautet: „Das Strafverfahren gegen den Angeklagten wird eingestellt.“

In welchem Verhältnis stehen Freispruch und Einstellung zueinander?

Grundsatz: Vorrang des Freispruchs

⇨ **Wenn sowohl die Voraussetzungen für einen Freispruch wie auch für eine Einstellung vorliegen, ist der Angeklagte freizusprechen.**

Begründung: Nur durch den Freispruch tritt Strafklageverbrauch ein, d.h. gegen den Angeklagten kann wegen derselben Tat nicht nochmals ein Strafverfahren durchgeführt werden. Besteht diese Möglichkeit, hat der Angeklagte ein Recht darauf, dass die Anklage endgültig erledigt wird und er sich sicher sein kann, dass ihm diesbezüglich auch später kein Verfahren mehr droht.

Problem: Unterschiedliches Ergebnis für mehrere Taten in Tateinheit.

Freispruch oder Einstellung sind nur einheitlich möglich – wenn von mehreren Taten in Tateinheit die eine Tat Freispruchreife besitzt, eine andere wegen eines Verfahrenshindernisses einzustellen ist, muss eine Entscheidung getroffen werden. Man trifft die Entscheidung nach der Tat, hinsichtlich derer die schwerere Strafe angedroht wäre, wenn wegen ihr verurteilt würde. Bei Gleichwertigkeit wird eingestellt.

Auch hier gilt wieder: Am weitesten kommen Sie mit dem Verständnis für die Gründe einer bestimmten Regelung. Haben Sie verstanden, welches Interesse der Angeklagte am Vorrang des Freispruchs hat, werden Sie auch keine Probleme haben, sich dieses Vorgehen zu merken.

Die Entscheidung über die Kosten ist zwingender Bestandteil des Tenors, § 464 I. Denn die Gebühren und Auslagen für das Strafverfahren müssen zwingend übernommen werden – vom Angeklagten, von der Staatskasse, ausnahmsweise auch von Dritten.

Über die notwendigen Auslagen muss gem. § 464 II entschieden werden. Dies sind insbesondere die Kosten für einen Rechtsanwalt, § 464a II. Der Angeklagte muss wissen, ob er diese Kosten selbst tragen muss oder sie einem anderen auferlegt werden.

Wer trägt die Kosten und notwendigen Auslagen?

Verurteilung	Freispruch	gemischte Entscheidung
§ 465 I: Angeklagter Ausnahme: § 465 II	§ 467 I: Staatskasse	§ 467 I: Aufteilung Soweit Verurteilung: Angeklagter; soweit Freispruch: Staatskasse; Quotelung möglich, § 464d

Ausnahmen: § 467 II-V

Ausnahmen von diesen Grundfällen finden sich in §§ 469, 470, 472.

Zu beachten sind außerdem einige Details: So ist zum Beispiel bei einer Verurteilung nicht zwingend ein Ausspruch über die notwendigen Auslagen erforderlich, da der Angeklagte sie in diesem Fall immer selbst trägt (v.a. die Anwaltskosten).

Rechtsmittel allein gegen die Kostenentscheidung ist die sofortige Beschwerde, § 464 III.

Machen Sie sich bei der Kostenentscheidung nicht mehr Mühe als unbedingt erforderlich. Auch wenn eine Quotelung bei einer gemischten Entscheidung nach § 464d möglich ist, gibt es in der Klausur keinen Grund, hier einen unnötigen Fehler oder eine falsche Einschätzung zu riskieren. Bleiben Sie hier bei der einfachen Formulierung: „Soweit der Angeklagte verurteilt ist, (...)“ und „soweit er freigesprochen ist, (...)“. Damit machen Sie auf keinen Fall etwas falsch.

Lesen Sie sich die möglichen Ausnahmen einmal im Gesetz durch und entwickeln Sie so ein Problembewusstsein, falls eine von diesen einmal in der Klausur auftauchen sollte.

Wurden gegen den Angeklagten Strafverfolgungsmaßnahmen durchgeführt, er anschließend aber freigesprochen oder das Verfahren eingestellt, so kann ihm eine Entschädigung zustehen. Eine Entschädigung ist auch möglich, wenn die Rechtsfolge im Urteil geringer ist als die vorläufige Maßnahme (geringere Freiheitsstrafe als die Dauer der U-Haft). Für welche Strafverfolgungsmaßnahmen Entschädigung möglich ist, ist in § 2 StrEG geregelt.

Wie prüft man, ob dem Angeklagten eine Entschädigung zusteht?

1. Freispruch (§ 4 I Nr. 1 StrEG), Einstellung, ggf. geringere Rechtsfolge als vorläufige Maßnahme, § 4 I Nr. 2 StrEG
2. Strafverfolgungsmaßnahme gem. § 2 StrEG
3. Kein Ausschluss, keine Versagung, §§ 5, 6 StrEG (grob fahrlässig im zivilrechtlichen Sinn)

Rechtsfolge: Ausspruch der Verpflichtung zur Entschädigung im Urteil, § 8 I S. 1 StrEG.

Erschrecken Sie nicht, dass Sie hier schon wieder etwas zusätzlich lernen müssen. Das StrEG muss nicht beherrscht werden, der hier dargestellte Überblick, eine Gesetzeslektüre und gegebenenfalls einige Kommentierungen reichen völlig aus. In der Klausur macht es sich in jedem Fall gut, eine Entschädigung auszusprechen, wenn die Voraussetzungen vorliegen. Denn dieser Ausspruch gehört zu einem vollständigen Urteil.

Im Anschluss an den Tenor sind die Vorschriften aufzuführen, die das Gericht bei der Urteilsfindung angewandt hat. Dadurch wird unter anderem sichergestellt, dass die Verurteilung bei ihrer Eintragung in das Bundeszentralregister (vgl. § 5 I BZRG) zuverlässig erfasst werden kann. Um den Tenor verständlicher und übersichtlicher zu machen, schreibt man die Liste der angewandten Vorschriften unmittelbar anschließend an den Tenor in das Urteil.

Welche Vorschriften sind hier zu nennen, welche nicht?

Anzugeben:	Angewandte Rechtsvorschriften nach Gesetz, Paragraf, Absatz, Nummer, Buchstabe und allen anderen Bezeichnungen Mehrere Angeklagte: mehrere Listen

bei Verurteilung

Straftatbestände

Vorschriften hinsichtl. Art d. Verschuldens und Beteiligung (§§ 25 II, 26, 27, 30 StGB)

besondere Arten der Tatbestandsverwirklichung (§§ 22, 13 StGB)

Angabe der Konkurrenzen (§§ 52 f. StGB)

Rechtsfolgen: nur Besonderheiten (§§ 41, 42 StGB, Strafschärfungen und -milderungen, §§ 56, 57a I S. 1 Nr. 2, 60, 44 ff.,61 ff. StGB)

Nebenentscheidungen: Keine Angabe

bei Freispruch oder Einstellung

nur die wirklich „angewandten" Vorschriften, etwa §§ 20, 71, 76a StGB, bzw. §§ 77 I, 78, 73 ff., 76a III StGB

Nebenentscheidungen: Keine Angabe

Lernen Sie auch hier nicht alles auswendig. Sinn und Zweck ist die Darstellung der Vorschriften, welche die Tat und ihre Rechtsfolge besonders kennzeichnen, also aus denen man ablesen kann, wegen was und wie verurteilt wird. Dasselbe bei Freispruch und Einstellung, auch hier geht es darum, dass dem BZR entnommen werden kann, warum diese Entscheidung getroffen wurde. Vgl. auch M-G/S § 260 Rn. 49 ff.

Die Reihenfolge ist umstritten, die üblichste ist: zunächst alle Vorschriften des BT, angefangen von der niedrigsten Zahl bis zur höchsten Zahl, anschließend alle Vorschriften des AT in derselben Vorgehensweise.

Anschließend erfolgt der wichtigste Teil, die Begründung des Urteils. Diese dient zum einen dazu, dem Angeklagten zu verdeutlichen, aus welchen Gründen das Gericht zu seiner Entscheidung gekommen ist. Zum anderen dient es dazu, einem Rechtsmittelgericht die Überprüfung des Urteils zu ermöglichen.

Daraus folgt, dass das Urteil aus sich heraus verständlich sein muss, also grundsätzlich keine Bezugnahmen auf die Akten oder Urkunden o.ä. zulässig sind. Eine Ausnahme gilt nur für Abbildungen, § 267 I S. 3.

Wie sind die Entscheidungsgründe eines Urteils aufzubauen?

1. Persönliche Verhältnisse
2. Sachverhaltsschilderung
3. Beweiswürdigung
4. Rechtliche Würdigung
5. Strafzumessung
6. Begründung der Kostenentscheidung

Zum Teil sind hier in den Klausuren einige Punkte erlassen – immer den Bearbeitervermerk genau lesen!

Den Aufbau finden Sie außerdem in den gängigen Formularsammlungen.

Durch die Darstellung der persönlichen Verhältnisse wird der Angeklagte dem Leser des Urteils praktisch „vorgestellt“. Daher werden sie auch an den Anfang des Urteils gestellt. Systematisch sind sie eigentlich ein Teil der Strafzumessung, denn im Urteil werden sie dafür benötigt, die für den Angeklagten geeignete Strafe zu finden.

Daher entfallen die persönlichen Verhältnisse auch bei einem umfassenden Freispruch, denn dann ist eine Strafzumessung überhaupt nicht erforderlich. Da ein Freispruch aus tatsächlichen oder rechtlichen Gründen erfolgt, aber mit der Person des Angeklagten eigentlich nicht zusammenhängt, besteht für die „Vorstellung“ des Angeklagten kein Bedürfnis.

Was beinhalten die persönlichen Verhältnisse?

1. Geburtsdaten
2. Gegenwärtiger Beruf
3. Wirtschaftliche, persönliche und familiäre Verhältnisse
4. Ggf. Bildungsgang
5. Wichtigste Punkte des Strafregisterauszugs (Taten, Tatzeit, Bewährungszeit, Strafverbüßung)

Wie intensiv die einzelnen Punkte darzustellen sind, hängt davon ab, welche Bedeutung sie für Beweiswürdigung und Strafzumessung haben. So ist etwa auf die schwere Kindheit des Angeklagten bei einem einfachen Straßenverkehrsdelikt wohl eher nicht einzugehen, hatte diese aber psychische Auswirkungen auf ein Verbrechen, welches dieser begangen hat, sind diese Gegebenheiten detailliert zu schildern. Ein Anhaltspunkt – aber auch nicht mehr! – kann sein, wie ausführlich diese Verhältnisse im Klausursachverhalt geschildert sind.

Behalten Sie bei der Abfassung eines Urteils immer das zur Revision Gelernte im Hinterkopf. Zumindest sollten Sie nie Fehler machen, die revisibel wären. Bei den persönlichen Verhältnissen bedeutet das, dass sie im Mindestmaß so ausführlich sein sollten, dass das Urteil daraufhin nachvollzogen werden kann.

Anschließend ist der Sachverhalt so zu schildern, wie er sich nach Durchführung der Hauptverhandlung zur Überzeugung des Gerichts darstellt. Hier folgt keinerlei Unterscheidung zwischen Strittigem und Unstrittigem, da sich der Sachverhalt ja ohnehin für das Gericht ohne Zweifel ergeben muss und dieses ihn von Amts wegen soweit aufzuklären hat, bis es keine Zweifel mehr hat.

Die Schilderung erfolgt im Imperfekt, aus einer objektiven „Augenzeugenperspektive“. (Dies ist etwas irreführend - es wird objektiv geschildert, was geschah, und es wird auch das Innenleben des Täters geschildert, was ein Augenzeuge nicht sehen kann.

Wie hat die Darstellung des Sachverhalts im Einzelnen zu erfolgen?

Die Sachverhaltsschilderung ist an den Tatbestandsmerkmalen der Tatbestände zu orientieren, die als gegeben angenommen werden. Die Umstände sind so zu schildern, dass alle objektiven und subjektiven Tatbestandsmerkmale gegeben sind, also auch die inneren Vorstellungen und Absichten des Angeklagten und anderer Beteiligter sind darzustellen.

Genau ist dabei zwischen Vorsatz und Fahrlässigkeit zu unterscheiden und diese innere Tatsache mit tatsächlichen Feststellungen zu belegen.

Dabei sind die Umstände so zu schildern, dass nicht einfach nur der Gesetzeswortlaut wiedergegeben und in einen örtlichen und sachlichen Zusammenhang gestellt wird, sondern es ist konkret aufzuzeigen, was sich ereignet hat. Es muss die genaue Tat im prozessualen Sinn erkennbar und abgrenzbar sein.

Wenn von Bedeutung, sind außerdem die Beweggründe und Hintergründe der Tat aufzuzeigen.

Wahlfeststellung: Schilderung beider Alternativen

Serienstraftaten: Bezeichnung jeder einzelnen Tat nach Ort, Zeit, Art der Begehung

Ob Sie den Sachverhalt sauber geschildert haben, erkennen Sie am besten daran, ob Sie selbst die von Ihnen angenommenen Tatbestände unter Ihren Sachverhalt subsumieren können.

Am besten orientieren Sie sich hier an dem bei der Abschlussverfügung Gelernten. Es besteht kein Unterschied zwischen den verschiedenen Sachverhaltsschilderungen.

Wichtig: Prüfen Sie vorab, ob die Sachverhaltsschilderung im Bearbeitervermerk gegebenenfalls erlassen wurde!

Die Beweiswürdigung stellt den Klausurbearbeiter in der Regel vor erhebliche Probleme. Deshalb sind gerade hier ein sorgfältiges Vorgehen, ein klarer Aufbau und regelmäßige Übung wichtig.

Wie ist die Beweiswürdigung aufzubauen?

1. Einlassung des Angeklagten: Geständnis (ausführlicher in Fällen, in denen der Angeklagte aufgrund einer Verständigung gesteht oder das Geständnis unglaubwürdig ist), keine Einlassung oder Bestreiten (dann ausführliche Würdigung der anderen Beweismittel)

2. Würdigung jedes einzelnen Beweismittels, d.h. zum einen solche, welche die Entscheidung des Gerichts bestätigen, zum anderen solche, die dagegen sprechen. Im Einzelnen:

   a) Zeugenbeweis: Glaubhaftigkeit/Glaubwürdigkeit (Zeugen vom Hörensagen, Motive für Falschaussagen, keine pauschale Beurteilung oder falsche Erfahrungssätze), keine Verwertung eines Berufens auf ein Zeugnisverweigerungsrecht

   b) Sachverständigengutachten: keine pauschale Übernahme des Ergebnisses, sondern kurze Darlegung des Inhalts sowie, dass an der Richtigkeit keine Zweifel bestehen

   c) Indizienbeweis: Gesamtwürdigung und Sorgfalt bei den gezogenen Rückschlüssen

   d) Schweigen des Angeklagten: keinesfalls nachteilige Würdigung, außer bei teilweisem Schweigen

Seien Sie besonders sorgfältig, wenn sich hier irgendwelche rechtlichen Probleme stellen, wie etwa eine mögliche Unverwertbarkeit eines Beweismittels, die erst ausgeräumt werden muss, und stellen Sie solche Aspekte besonders detailliert dar.

Da die Sachverhaltsschilderung die tatsächliche Grundlage des Urteils ist, kann die rechtliche Würdigung erst anschließend erfolgen – und auch ausschließlich auf dieser Basis. Das bedeutet, dass wenn die Tatsachengrundlage das Urteil nicht stützt, dieses in der Revisionsinstanz aufgehoben wird, egal wie ausgefeilt die rechtliche Würdigung ist. Legen Sie daher nicht nur auf den rechtlichen Teil einen Schwerpunkt Ihrer Vorbereitung, auch die anderen Teile der Gründe sind wichtig!

Wie erfolgt die rechtliche Würdigung?

Beachten Sie:

⇨ **Urteilsstil**

⇨ **Bewusste Gewichtung**

⇨ **Nicht verwirklichte, aber angeklagte Tatbestände**

Hier erfolgt im Prinzip die bekannte rechtliche Würdigung im Wege einer knappen Begründung der verwirklichten Tatbestände (Subsumtion des selbst verfassten Sachverhalts unter Straftatbestände). Abgelehnt werden müssen zudem die in der Anklage bezeichneten Tatbestände, die nicht vorliegen. Tatbestände, die nicht wirklich naheliegen, müssen ins Hilfsgutachten.

Hier müssen Sie sich auch mit Fragen der Schuldunfähigkeit befassen. Dies kommt bei einem BAK-Wert ab 2,5 Promille, jedenfalls aber ab 3,0 (bei Tötungsdelikten 3,3) Promille nach dem „in-dubio-pro-reo"-Grundsatz in Betracht. Ein BAK-Wert in der Klausur ist in aller Regel nur ein Anhaltspunkt, mit dem Sie sich argumentativ auseinandersetzen müssen.

Die Strafzumessung ist ein häufig vernachlässigter Rechtsbereich. Sie wird deshalb gerne in Assessorklausuren geprüft – auch um die Praxistauglichkeit der Examenskandidaten zu testen. Überdies stellt sie viele Referendare vor erhebliche Probleme. Erarbeitet man sich aber einmal die Systematik und übt das Argumentieren in diesem Bereich, ist dieses Problemfeld gut in den Griff zu bekommen – und mit einer guten Strafzumessung können Sie sich von der Masse der Klausurbearbeiter abheben.

Wichtig ist, sich beim Erarbeiten des Sachverhalts schon die für die Strafzumessung wesentlichen Argumente zu markieren. Benutzen Sie dafür am besten von Anfang an eine spezielle Farbe für straferhöhende, eine für strafmildernde Umstände, dann fällt die spätere schriftliche Abfassung der Strafzumessung leichter.

Was sind die Grundlagen der Strafzumessung?

1. Gesetzliche Regelung: §§ 46 ff. StGB (keine bloße Ermessensentscheidung)
2. Begründung im Urteil: § 267 III S. 1
3. Abgrenzung Strafe – Maßregel: Strafe beurteilt die Schuld des Täters („Unwerturteil"), Maßregel dient dem Schutz der Allgemeinheit vor dem Täter unabhängig von seiner Schuld („Gefährlichkeit des Täters")
4. Strafzwecke:
   - ⇨ Schuldausgleich, Vergeltung
   - ⇨ Spezialprävention: Abschreckung, aber auch Resozialisierung des Täters
   - ⇨ Generalprävention: Erhaltung und Stärkung der Rechtsordnung, allgemeine Abschreckung potenzieller Täter

   Dabei ist zu beachten: Der Täter ist nach seiner Schuld zu bestrafen, eine Präventionsabsicht darf nicht dazu führen, dass er schuldunangemessen bestraft wird.

5. „Spielraumtheorie": Im Zusammenspiel von gesetzlichem Strafrahmen und Beurteilung der Schuld des Täters lässt sich ein konkreter „Schuldrahmen" entwickeln. Innerhalb dieses Spielraums ist dann durch den Tatrichter – unter Berücksichtigung der Präventionszwecke – das konkrete Strafmaß festzusetzen.

Wichtig ist also: Der Täter wird nach seiner konkreten Schuld bestraft. Dies ist gesetzlich in § 46 StGB verankert. Geht es unabhängig von der Schuld um einen Schutz der Allgemeinheit vor dem Täter, kommt eine Maßregel in Betracht.

Die oben dargelegte „Spielraumtheorie“ ist in der Praxis ganz herrschende Meinung, bei der Klausurbearbeitung gibt es dazu keine Alternative.

Unter Berücksichtigung dieser Theorie lässt sich ein einigermaßen strukturierter Aufbau für die Strafzumessung entwickeln. Befolgen Sie diesen Aufbau in der Klausursituation und vermeiden Sie so einen unsystematischen „Argumentationsbrei“. Gerade in der Strafzumessung ist das Einhalten einer sinnvollen Struktur von besonderer Bedeutung.

Nach welchem Aufbau ist die Strafzumessung zu prüfen?

Wichtig ist zunächst der Beginn: Tateinheit oder Tatmehrheit?

Danach ist zu unterscheiden, ob die konkrete Strafe für jeden Straftatbestand zu ermitteln ist oder nicht. Haben Sie ermittelt, für welche Straftatbestände Sie eine Strafe zu bestimmen haben, gehen Sie anschließend wie folgt vor:

1. **Festlegung des gesetzlichen Strafrahmens**
2. **Festlegung des konkreten Schuldrahmens**
3. **Festlegung der konkreten Strafe**
4. **Folgenentscheidungen**

Beachten Sie: Der 2. Schritt taucht nicht in der schriftlichen Begründung auf, sondern ist nur ein von Ihnen vollzogener gedanklicher Schritt. In der Begründung dürfen Sie hier keinesfalls einen Rahmen angeben, hier nennen Sie nur die Argumente, die Sie selbst bei Erstellung dieses „Schuldrahmens" verwendet haben.

Wenn Sie diesem Aufbau gedanklich folgen und auch Ihre Argumentation in den Gründen diesem Aufbau anpassen, wird Ihnen die Strafzumessung erheblich leichterfallen. Das größte Problem bei der Bearbeitung der Rechtsfolgenseite ist oftmals, dass es den Referendaren schwerfällt, die verschiedenen Normen und Argumente in eine nachvollziehbare, aufeinander aufbauende Reihenfolge zu bringen.

Zunächst ist anhand der Straftatbestände, die im Rahmen der rechtlichen Würdigung bejaht wurden und die aufgrund der Konkurrenzen zur Ermittlung der Strafe heranzuziehen sind, eine Bestimmung des gesetzlichen Strafrahmens vorzunehmen. Dies erschöpft sich in der Regel in der Bezugnahme auf die oben festgestellten Straftatbestände und sorgfältige Gesetzeslektüre, ausnahmsweise kann auch noch die Prüfung von Strafmilderungen und Strafschärfungen erforderlich sein.

Wie ist bei der Ermittlung des gesetzlichen Strafrahmens vorzugehen?

1. Ermittlung des Regelstrafrahmens: angedrohte Strafe des Straftatbestands

   Gesetz nennt nur Mindest- oder Höchststrafe: Einbeziehung der §§ 38 ff. StGB

2. Ermittlung eines Sonderstrafrahmens: Strafmilderungen oder Strafschärfungen?

   a) Strafmilderungen

      ⇨ AT: zwingende (z.B. §§ 27 II S. 2, 28 I StGB) oder fakultative (z.B. §§ 13 II, 21, 23 II StGB)
      ⇨ BT: minder schwerer Fall; benannt (z.B. § 213 StGB) oder unbenannt (z.B. § 249 II StGB)

   b) Strafschärfungen (nur im BT)

      ⇨ benannte besonders schwere Fälle, meist Regelbeispiele (z.B. § 243 I S. 2, 263 III S. 2 StGB)
      ⇨ unbenannte besonders schwere Fälle (z.B. §§ 243 I S. 1, 263 III S. 1, 212 II StGB)

Innerhalb dieses gesetzlichen Strafrahmens muss dann die Strafe gefunden werden. Dabei ist die Mindeststrafe für den denkbar leichtesten Fall des Delikts, die Höchststrafe für den denkbar schwersten Fall gedacht. Liegt der konkrete Fall in der Nähe des „Regelfalls“, so bedeutet das nicht etwa die Mitte, sondern meist eine Strafe deutlich unterhalb des Mittelwerts.

Wie oben dargelegt muss nach der Bestimmung des Strafrahmens des Grundtatbestands noch festgestellt werden, ob eine Strafrahmenverschiebung vorgenommen werden muss - denn erst dann ist es möglich festzulegen, in welchem Rahmen sich die mögliche Strafe im konkreten Fall bewegt.

Bei der Bestimmung des Strafrahmens ist besonders sorgfältig vorzugehen, weil Sie sonst bereits einen falschen Ausgangspunkt für Ihre Strafzumessung setzen.

Wie ermittelt man eine Strafrahmenverschiebung?

Regelstrafrahmen

Minder schwerer Fall

- ⇨ Milderung gem. § 49 I StGB (Normen des AT)
- ⇨ fakultativ (d.h. möglich): Treffen und begründen Sie Ihre Entscheidung zwischen
  - Regelstrafrahmen mit Argumenten i.S.v. § 46 StGB und
  - Strafrahmenmilderung gem. § 49 I StGB
- ⇨ obligatorisch, wenn im Gesetz vorgesehen
- ⇨ mehrfache Milderungen sind möglich
- ⇨ minder schwere Fälle des BT
  - unbenannte Fälle: die mildernden Faktoren überwiegen erheblich, Gesamtwürdigung
  - benannte Fälle: gesetzliche Vermutung

Besonders schwerer Fall

- ⇨ Regelbeispiele
  vorrangig zu prüfen, da gesetzliche Vermutungen, bei Vorliegen der Merkmale i.d.R. (+), es sei denn besondere Situation (z.B. Einsatz eines Lockspitzels)
- ⇨ unbenannte Fälle
  Gesamtwürdigung aller Umstände der Tat, und zwar objektiv, subjektiv, täterbezogen etc.
- ⇨ Problem: „Versuch“ des Regelbeispiels eigentlich nicht möglich, da kein Tatbestand (vgl. § 22 StGB), aber nach BGH wegen Vergleichbarkeit dennoch Anwendung des erhöhten Strafrahmens möglich

Beteiligung: Die Strafzumessung betrifft jeden Täter selbst, das bedeutet, dass im Verhalten des gerade beurteilten Beteiligten ein besonders oder minder schwerer Fall vorliegen muss.

Die Strafrahmenverschiebung gehört zu den schwersten Bereichen der Strafzumessung. Machen Sie sich Folgendes bewusst: Im Prinzip geht es darum, zu beurteilen, ob die jeweilige Tat in ihren Umständen erheblich nach oben oder unten vom „Normalfall“ einer solchen Tat abweicht. Benannte Fälle sind dabei eine gesetzliche Vermutung dafür, obligatorische Milderung bedeutet, dass der Gesetzgeber annimmt, dass die Tat immer einen geringeren Schuldgehalt hat als der übliche Fall.

I.R.d. Milderungen sind von besonderer Klausurrelevanz die §§ 21, 23 II StGB. Diese betreffen Fälle der fakultativen Milderung. Das bedeutet, dass bei Vorliegen der Merkmale der Richter zu beurteilen hat, ob er im konkreten Einzelfall eine Milderung vornimmt oder nicht. Ob dabei die Milderung der Regelfall ist und nur ausnahmsweise nicht vorgenommen werden soll, oder ob eine freie Entscheidung hinsichtlich der Milderung anhand der Gesamtschau der Umstände zu fällen ist, muss anhand der jeweiligen Minderungsvorschrift ermittelt werden.

In der Klausur ist immer dann, wenn ein minder schwerer oder besonders schwerer Fall in Betracht kommt, besonders intensiv darauf einzugehen, selbst wenn Sie eine Strafrahmenverschiebung im Ergebnis letztlich ablehnen.

Unter welchen Voraussetzungen liegt bei §§ 21, 23 II StGB ein minder schwerer Fall vor?

§ 21 StGB

Liegen die Voraussetzungen des § 21 StGB vor, kann der Richter diese Milderung nur unter besonderen Umständen ablehnen. Dies gilt bei einem BAK-Wert ab ca. 2,0 (bei Tötungsdelikten ca. 2,2).

Eine Ablehnung der Milderung ist möglich bei:

⇨ besonderer Verwerflichkeit der Tat

⇨ schuldhafter Herbeiführung des Zustands (bei Alkohol, wenn Täter seine Neigung zu Straftaten in diesem Zustand erkannte, sich der enthemmenden Wirkung bewusst war, oder bei Trinken in Fahrbereitschaft)

§ 23 II StGB

Bei Vorliegen der gesetzlichen Tatbestandsmerkmale ist anschließend eine Gesamtschau aller schuldrelevanten Umstände vorzunehmen und danach zu entscheiden, ob eine Milderung angemessen ist.

Besonders sind dabei die versuchstypischen Umstände heranzuziehen (z.B. kein Schaden, Nähe zur Vollendung, Nähe zum Rücktritt)

Dies sind nur zwei der Fälle, bei denen man sich mit einer möglichen Milderung auseinandersetzen muss. Nehmen Sie diese als Beispielsfälle. Merken Sie sich insbesondere, dass bei einer Milderung zum einen die Tat als solche, zum anderen auch die Umstände, die mit dem Gesetz zusammenhängen, welches die Milderung ermöglicht, zu berücksichtigen sind (z.B. Versuch, Notstandsumstände)

Beachten Sie folgenden Sonderfall: Es wurde ein Straftatbestand verwirklicht, bei dem im BT ein minder schwerer Fall vorgesehen ist. Dabei sind zudem die Tatbestandsmerkmale einer Vorschrift des AT verwirklicht, die eine Milderung ermöglichen (z.B. § 21 StGB). Berücksichtigt man dies, ist eigentlich auch ein minder schwerer Fall im Sinne des BT zu bejahen.

In einem solchen Fall sind folgende Möglichkeiten denkbar:

- diese Umstände nur i.R.d. BT zu berücksichtigen und einen minder schweren Fall anzunehmen
- diese Umstände nur i.R.d. AT zu berücksichtigen und nach § 49 I StGB zu mildern
- diese Umstände doppelt zu berücksichtigen, erst einen minder schweren Fall anzunehmen und dann nach § 49 I StGB zu mildern

Welche der Möglichkeiten ist in diesem Fall richtig?

Doppelverwertungsverbot, § 50 StGB

⇨ die Umstände dürfen nicht zweimal, also im AT und im BT berücksichtigt werden

in dubio pro reo

⇨ die Umstände sind so zu berücksichtigen, dass im Ergebnis der niedrigste Strafrahmen zur Verfügung steht

Aus diesen Umständen folgt das Vorgehen bei der Prüfung: In der Regel folgt der niedrigere Strafrahmen bei Annahme eines minder schweren Falls im BT. Somit ist zuerst zu prüfen, ob die Umstände ausreichen, um aufgrund der Gesamtumstände von einer unter dem Normalfall liegenden Tat auszugehen.

Eine weitere Besonderheit bei der Strafrahmenwahl ergibt sich, wenn mehrere Taten verwirklicht wurden oder wenn mehrere Alternativen denkbar sind (Konstellation einer Wahlfeststellung).

Dabei ist zunächst auf das Ergebnis der rechtlichen Würdigung zurückzugreifen.

Bei mehreren Taten kann Tateinheit oder Tatmehrheit festgestellt worden sein.

Bei Tatmehrheit ist für jede Tat die konkrete Strafe zu bestimmen, so dass sich i.R.d. Strafrahmenfestsetzung keine Besonderheiten ergeben.

Bei Tateinheit und bei Wahlfeststellung ist jedoch schon bei der Strafrahmenwahl auf diese Umstände Rücksicht zu nehmen.

Wie ist bei Tateinheit, wie bei Wahlfeststellung der einschlägige Strafrahmen zu bestimmen?

1. Tateinheit

Das Vorgehen bei Tateinheit ist in § 52 StGB festgelegt. Im Ergebnis ist nur auf eine Strafe zu erkennen.

Mehrfache Verletzung des gleichen Gesetzes (Abs. 1)

Strafrahmen: Einschlägig ist der einfache Strafrahmen dieses Gesetzes, die mehrfache Verletzung wird i.R.d. Strafzumessung gem. § 46 StGB berücksichtigt

Verletzung verschiedener Gesetze (Abs. 2)

Strafrahmen (Kombinationsstrafrahmen):

- ⇨ Höchststrafe: nach dem Gesetz, das die schwerste Strafe androht
- ⇨ Mindeststrafe: das höchste Mindestmaß eines der verletzten Gesetze

2. Wahlfeststellung: Alternative Verurteilung

Unechte Wahlfeststellung (dasselbe Gesetz)

Keine Besonderheiten zu einer einfachen Verurteilung nach diesem Gesetz, insbesondere keine Berücksichtigung der alternativen Verurteilung in der Strafzumessung

Echte Wahlfeststellung (versch. Gesetze)

Strafrahmen ist dem mildesten Gesetz zu entnehmen

Bei der Ermittlung der Höchststrafe, der Mindeststrafe oder des mildesten Strafrahmens ist immer nach der konkreten Strafe zu fragen, das heißt nach der Ermittlung des Regelstrafrahmens und unter Berücksichtigung von Strafrahmenverschiebungen.

Nachdem der konkrete, jeweils heranzuziehende Strafrahmen feststeht, muss die begangene Tat innerhalb dieses gefundenen Rahmens eingeordnet werden. Dabei gibt es verschiedene zu berücksichtigende Tatsachen, die für eine höhere oder niedrigere Strafe sprechen. Letztlich ist die konkrete Strafe eine Art Ermessensentscheidung des Tatrichters. Allerdings müssen Sie in Klausur und Praxis Argumente finden, die zumindest begründen, warum auf eine besonders niedrige, besonders hohe oder eine eher „durchschnittliche" Strafe erkannt wurde. Dies sollte auf einer gewissen Systematik aufbauen.

Wie ist die konkrete Einordnung der Tat in den gefundenen Strafrahmen vorzunehmen und aufzubauen?

1. Feststellung der Strafzumessungstatsachen

Es gibt verschiedene Tatsachen und Umstände, deren Verwirklichung im Einzelfall für oder gegen eine hohe oder niedrige Strafe sprechen. Diese sind zum einen in § 46 II S. 2 StGB beispielhaft aufgezählt, weitere Tatsachen finden Sie bei Fischer, StGB § 46 Rn. 56 ff. Sprechen Sie nur die Tatsachen an, die nach dem Sachverhalt überhaupt in Betracht kommen.

2. Doppelverwertungsverbot, § 46 III StGB

Umstände, die schon Merkmale des gesetzlichen Tatbestands sind, dürfen nicht nochmals in der Strafzumessung berücksichtigt werden.

3. Bewertung der Strafzumessungstatsachen, § 46 II S. 1 StGB

Die Strafzumessungstatsachen sind in einer Gesamtwürdigung darzustellen, zunächst sind die für den Angeklagten günstigen Umstände darzulegen, dann diejenigen, die gegen ihn sprechen. Auch auf die Gewichtung der einzelnen Tatsachen ist einzugehen. Achtung: Das Fehlen strafmildernder Umstände darf nicht strafschärfend berücksichtigt werden und umgekehrt.

4. Festlegung der Strafe

Dieser Aufbau wird Ihre Klausur deutlich strukturierter erscheinen lassen. Legen Sie Wert auf eine detaillierte Darstellung der im Fall in Betracht kommenden Zumessungstatsachen – z.B.: Wurde ein Geständnis abgelegt? Wie hoch war der Schaden? Wichtig ist auch eine angemessene Gewichtung, z.B. dass ein Geständnis eine besonders wichtige Rolle bei der Strafzumessung spielt, weil anders ein Tatnachweis nicht gelungen wäre.

Achten Sie besonders darauf, keinesfalls gegen das Doppelverwertungsverbot des § 46 III StGB zu verstoßen, also nicht etwa bei Totschlag strafschärfend anzuführen, dass ein Mensch zu Tode gekommen ist – dies ist schon Tatbestandsmerkmal! Und auch nie das Fehlen eines Geständnisses strafschärfend anführen! Solche Fehler werden besonders übelgenommen.

Nach der vorgenommenen Abwägung all dieser Tatsachen ist die konkrete Strafe festzulegen. Dabei ist zunächst eine Bestimmung der Begriffe „Durchschnittsfall“ (Mitte des Strafrahmens) und „Regelfall“ (unterhalb der Mitte des Strafrahmens) vorzunehmen, und dann zu begründen, warum man bei der eigenen Straffestlegung von diesen Fällen nach oben oder unten abweicht. Dabei sind die bereits getroffenen Bewertungen der Strafzumessungstatsachen zu berücksichtigen.

Wann ist auf Geldstrafe, wann auf Freiheitsstrafe zu erkennen? Wie ist die Geldstrafe zu berechnen?

Strafmaß	Geldstrafe	Freiheitsstrafe
⇨ 5 Tage bis 1 Monat	⇨ immer, § 38 II StGB	⇨ nie
⇨ 1 Monat bis 6 Monate	⇨ Regelfall, § 47 I StGB	⇨ ausnahmsweise
⇨ 6 Monate bis 1 Jahr	⇨ ausdrückliche Anordnung oder § 47 II StGB	⇨ Regelfall
⇨ über 1 Jahr	⇨ nie, § 40 I S. 2 StGB	⇨ immer

Berechnung der Geldstrafe:

1. Anzahl der Tagessätze: Zumessungsakt unter Berücksichtigung der Strafzumessungstatsachen, vgl. KK 132
2. Höhe des Tagessatzes: Nettoeinkommen pro Tag, § 40 II StGB, Nettoeinkommen nach Abzug der Unterhaltspflichten (nichtverdienende Ehefrau 1/5, jedes Kind 1/10), ggf. Schätzung, § 40 III StGB
3. ggf. Zahlungserleichterungen, § 42 StGB

Freiheitsstrafe:

Beachten Sie:

⇨ ggf. Aussetzung zur Bewährung, vgl. KK 137
⇨ lebenslang möglich, wenn verfassungskonform ausgelegt, vgl. BVerfGE 86, 288
⇨ das Gericht muss im Erkenntnisverfahren die Tatsachen im Hinblick auf § 57a I S. 1 Nr. 2 StGB (lesen!) feststellen, die Vollstreckung unterliegt dem Vollstreckungsgericht
⇨ wird besondere Schwere der Schuld bejaht, muss dies im Tenor ausgesprochen und in den Gründen besonders dargelegt werden

Machen Sie sich insbesondere damit vertraut, wann Geldstrafe und wann Freiheitsstrafe in Betracht kommt. Versuchen Sie außerdem, in Ihrer Ausbildung einige Urteile zu lesen, um ein Gefühl dafür zu bekommen, in welchen Fällen welche Strafen angemessen sind.

Nach diesen Schritten hat man für jede Tat die konkrete Strafe festgestellt. Wurden mehrere Taten in Tatmehrheit begangen und abgeurteilt, folgt als nächster Schritt die Gesamtstrafenbildung nach § 53 I StGB. Diese erfolgt auf der Basis der zuvor ermittelten Einzelstrafen, so dass vorher die oben dargelegten Schritte sorgsam für jede Tat darzulegen sind.

Voraussetzung einer Gesamtstrafenbildung nach §§ 53 f. StGB (nicht für die nachträgliche Gesamtstrafenbildung nach § 55 StGB, vgl. dazu KK 135) ist, dass die verschiedenen Taten gleichzeitig abgeurteilt werden.

Wie erfolgt die Bildung einer Gesamtstrafe?

1. Ermittlung des Strafrahmens für die Gesamtstrafe

Untergrenze: die um eine Maßeinheit erhöhte höchste Einzelstrafe, § 54 I S. 2 StGB
Obergrenze: die um eine Maßeinheit verringerte Summe der Einzelstrafen, § 54 II S. 1, 2 StGB
Maßeinheit:

⇨ Geldstrafe: 1 Tagessatz (§ 40 I S. 2 StGB gilt nur für die Einzelstrafe!)
⇨ Freiheitsstrafe: unter einem Jahr eine Woche, darüber ein Monat, § 39 StGB

2. Zumessung der Gesamtstrafe

Unter Würdigung der Person des Täters und der einzelnen Straftaten erfolgt eine Zumessung, also eine Einordnung der Taten innerhalb dieses Rahmens.
Dabei ist insbesondere das Verhältnis der Straftaten zueinander maßgeblich – Verschiedenheit der Taten führt in der Regel zu deutlicher Erhöhung, zeitlicher Zusammenhang zu niedrigerer Strafe.

3. Geldstrafe und Freiheitsstrafe

Bei Zusammentreffen von Geld- und Freiheitsstrafe wird entweder eine Gesamtfreiheitsstrafe oder eine Gesamtgeldstrafe gebildet, § 53 II S. 1, 2 StGB. Dabei ist ein Tagessatz ein Tag Freiheitsstrafe und umgekehrt.

Die Gesamtstrafenbildung ist gar nicht so kompliziert wie häufig befürchtet. Denken Sie sich selbst für jede der drei obigen Varianten ein Beispiel aus und rechnen Sie sich dieses einmal durch. Sobald der Strafrahmen feststeht, führen Sie eine ähnliche Argumentation wie bei Feststellung der Einzelstrafen durch. Dabei ist hier eine Doppelverwertung von Tatsachen ohne weiteres möglich.

Etwas komplizierter, aber mit etwas Übung auch beherrschbar, ist die nachträgliche Gesamtstrafenbildung. Hier gilt es vor allem, das Problem in der Klausur überhaupt zu sehen, also ein entsprechendes Problembewusstsein zu entwickeln.

Ist in der Klausur ein Bundeszentralregisterauszug abgedruckt, suchen Sie am besten sofort nach Urteilen, die nach den jetzt angeklagten Taten ergangen sind, und markieren sich diese dick im Sachverhalt, um dieses Problem keinesfalls zu übersehen.

Wie bildet man eine nachträgliche Gesamtstrafe?

Voraussetzungen nach § 55 StGB

1. derzeit angeklagte Tat wurde vor einem Urteil wegen einer anderen Tat begangen
2. frühere Verurteilung noch nicht vollstreckt

Rechtsfolge

1. Mitteilung der früheren Verurteilung im Urteil (bei persönlichen Verhältnissen)
2. Übernahme der damaligen Einzelstrafen
3. neue Gesamtstrafenbildung mit allen derzeitigen Taten, die vor dem vorherigen Urteil begangen wurden (wie bei KK 134) mit einer neuen Gesamtabwägung
4. damalige Entziehung der Fahrerlaubnis bleibt grds. bestehen: § 55 II StGB
5. übrig bleibende derzeitige Taten (Begehung nach früherem Urteil): getrennte Strafe

Beachten Sie, dass dieses Schema nur gilt, wenn das vorherige Urteil noch nicht vollstreckt wurde. Zweck dieser Norm ist, Ungerechtigkeiten auszugleichen, die dadurch entstehen, dass die derzeit angeklagte Tat nicht im damaligen Urteil mit abgeurteilt wurde – der Angeklagte ist also so zu stellen, wie wenn damals alle zu diesem Zeitpunkt begangenen Taten abgeurteilt worden wären.

Wurde das erste Urteil bereits vollstreckt, kann keine Gesamtstrafe mehr gebildet werden. Es ist dann aber im jetzigen Urteil diese „Ungerechtigkeit“ zu berücksichtigen und eine niedrigere Strafe zu bilden, sogenannter „Härteausgleich“. Vgl. zu dessen Durchführung Fischer, StGB § 55 Rn. 21 ff.

Die Folgenentscheidung ist von der eigentlichen Strafzumessung strikt zu trennen. Die Strafzumessung sollte ohne Berücksichtigung der Folgenentscheidung nur mit Blick auf die Tat und die Strafzumessungsumstände durchgeführt werden, und erst wenn dieser Schritt vollständig abgeschlossen ist, wird die Folgenentscheidung behandelt. Insbesondere ist also die Freiheitsstrafe nicht danach auszuwählen, ob bei ihr noch Bewährung möglich ist oder nicht.

Welche Folgenentscheidungen kommen in der Klausur in Betracht?

1. **Strafaussetzung zur Bewährung, § 56 StGB**

2. **Maßregeln der Besserung und Sicherung, §§ 61 ff. StGB**

   ⇨ **Freiheitsentziehende Maßregeln**

   ⇨ **Entziehung der Fahrerlaubnis**

3. **Fahrverbot, § 44 StGB**

Diese Folgenentscheidungen sind Teil des Urteils und betreffen sonstige Rechtsfolgen neben der eigentlichen Strafzumessung bzw. die genaue Ausgestaltung der Strafe (Bewährung). Sie sind Teil eines vollständigen praxistauglichen Urteils und daher sorgfältig durchzuführen. Allerdings ist bei Ihrer Begründung nicht allzu viel Zeit zu verlieren. Es handelt sich um Nebenentscheidungen. Versuchen Sie, diesen Teil der Klausur daher kurz und knapp abzuhandeln und trainieren Sie diese Fähigkeit im Vorfeld mit Hilfe einiger Klausuren.

Trennen Sie bei der Bewährung sorgfältig zwischen den Teilen, die im Urteil abzuhandeln sind und denen, die im gesonderten Bewährungsbeschluss angeführt werden. In den Urteilsgründen muss dargestellt werden, ob die Strafe zur Bewährung ausgesetzt wird oder nicht, und diese Entscheidung muss begründet werden, § 267 III S. 4.

Eine Bewährung kommt überhaupt nur bei einer Freiheitsstrafe von bis zu 2 Jahren in Betracht, nur dann muss man sich mit ihr argumentativ auseinandersetzen.

Wann kommt eine Aussetzung zur Bewährung in Betracht, wie ist die Entscheidung zu begründen?

Freiheitsstrafe

unter 6 Monaten	zwischen 6 Monaten und 1 Jahr	zwischen 1 und 2 Jahren
zwingend zur Bewährung auszusetzen, arg. e contrario, § 56 I i.V.m. III StGB	grundsätzlich zwingend zur Bewährung auszusetzen, wenn nicht die Verteidigung der Rechtsordnung eine Vollstreckung erfordert, § 56 I, III StGB	nur dann zur Bewährung auszusetzen, wenn besondere Umstände vorliegen und eine Vollstreckung zur Verteidigung der Rechtsordnung nicht erforderlich, §§ 56 II, III StGB

Für die Varianten 2 und 3 ist eine Prognoseentscheidung zu treffen. Nehmen Sie als Argumentationshilfe die in § 56 I S. 2 StGB (nicht abschließend, vgl. Wortlaut „namentlich") aufgeführten Prognosekriterien. Auch kann auf einige Strafzumessungstatsachen zurückgegriffen werden, wenn auf diese Weise eine Prognose getroffen werden kann. Sortieren Sie die Prognosetatsachen nach günstig und ungünstig und versuchen Sie daraufhin, eine nachvollziehbare Begründung zu treffen.

Eine Versagung nach § 56 III StGB kommt dann in Betracht, wenn durch die Aussetzung das allgemeine Rechtsempfinden und das Vertrauen der Bevölkerung in die Rechtsverfolgung erschüttert würde.

Üben Sie auch die Formulierung einer Prognoseentscheidung in der Konstellation des § 56 II StGB – in diesem Fall müssen eine besonders günstige Prognose und weitere Umstände für die Bewährung sprechen.

Werden Maßregeln der Besserung und Sicherung angeordnet oder trotz eines entsprechenden Antrags nicht angeordnet, ist dies im Urteil zu begründen, § 267 VI S. 1. Gegebenenfalls kann – hinsichtlich der Entziehung der Fahrerlaubnis – eine Begründung auch erforderlich sein, wenn eine Anordnung in Betracht kam, aber nicht vorgenommen wurde, § 267 VI S. 2.

Wann kommen freiheitsentziehende Maßregeln in Betracht?

Wann ist die Fahrerlaubnis zu entziehen?

1. Freiheitsentziehende Maßregeln

Aufgrund eines ärztlichen Gutachtens ist eine Prognoseentscheidung über die Gefährlichkeit des Täters - unabhängig von seiner Schuld - zu prüfen, § 246a i.V.m. §§ 63, 64 StGB. Die Anordnung einer solchen Maßregel muss verhältnismäßig sein, § 62 StGB. Diese Maßregel kann ebenfalls zur Bewährung ausgesetzt werden, § 67b I S. 1 StGB.

2. Entziehung der Fahrerlaubnis

- ⇨ § 69 I StGB: Entzug bei Ungeeignetheit zum Führen von Kraftfahrzeugen aufgrund der Tat (körperliche oder geistige Mängel, Fehlen der charakterlichen Zuverlässigkeit), insbesondere wenn Tat unter Benutzung eines Kraftfahrzeugs begangen wurde und konkrete Anhaltspunkte für die Gefahr vorliegen, dass der Täter seine kriminellen Ziele über die im Verkehr gebotene Sorgfalt und Rücksichtnahme stellt
- ⇨ § 69 II StGB: gesetzliche Vermutung für Ungeeignetheit; widerlegbar, wenn die Tat Ausnahmecharakter hat
- ⇨ § 69 III S. 2 StGB: Einziehung des erteilten Führerscheins
- ⇨ § 69a I S. 1 StGB: Sperrfrist, während der keine neue Fahrerlaubnis erteilt werden darf. Grundsatz: zwischen 6 Monaten und 5 Jahren; Ausnahme: Führerschein vorher sichergestellt oder beschlagnahmt
  ⇨ Verkürzung des Mindestmaßes um diese Zeit bis zum Mindestmaß von 3 Monaten möglich, § 69a IV, VI StGB

Achtung: War die Fahrerlaubnis vorläufig entzogen, wird das nicht automatisch angerechnet – das Gericht muss selbst die Sperrfrist verkürzen, wenn es die Anrechnung erreichen will.

3. Fahrverbot

Dieses kann als Nebenstrafe gem. § 44 StGB (nicht als Maßregel der Besserung und Sicherung!) in Betracht kommen, Grundlage ist keine Prognose, sondern die Schuld des Täters.

In der Regel ist § 44 StGB durch § 69 StGB ausgeschlossen, außer bei erlaubnisfreien Fahrzeugen o.ä., vgl. Fischer, StGB § 44 Rn. 3.

Aus den Urteilsgründen muss sich ergeben, ob aus tatsächlichen oder aus rechtlichen Gründen freigesprochen wurde, § 267 V S. 1.

Auch die Einstellung im Urteil ist zu begründen.

Dies erfolgt zum einen im Interesse des Angeklagten, der wissen möchte, was ihm vorgeworfen und warum er letztlich nicht verurteilt wurde, zum anderen aber auch im Interesse der anderen Verfahrensbeteiligten: die Staatsanwaltschaft oder Nebenkläger müssen z.B. entscheiden können, ob sie mit Rechtsmitteln gegen diese Entscheidung vorgehen, ein Rechtsmittelgericht muss die Entscheidung überprüfen können.

Welche Angaben sind bei einem Freispruch oder einer Einstellung erforderlich?

1. Freispruch

⇨ aus tatsächlichen Gründen: Aufzeigen des Anklagevorwurfs, Darlegung des festgestellten Sachverhalts, Beweiswürdigung und ggf. Erörterung von Beweisverwertungsverboten

⇨ aus rechtlichen Gründen: Schilderung des erwiesenen Sachverhalts, rechtliche Würdigung und Begründung, warum dieser Sachverhalt nicht zur Strafbarkeit führt

2. Einstellung

Wiedergabe des Anklagevorwurfs, Feststellung der tatsächlichen und rechtlichen Tatsachen, die das Verfahrenshindernis kennzeichnen, rechtliche Erörterung dieser Tatsachen, Angabe des Ergebnisses

In der Regel wird kein vollumfänglicher Freispruch oder Einstellung das Ergebnis Ihrer Klausur sein, da dann viele Punkte wie Strafzumessung oder ähnliches nicht abgeprüft werden könnten. Daher wird im Normalfall eine gemischte Entscheidung ergehen, in der einige (materielle!) Taten zu verurteilen, einige freizusprechen oder einzustellen sind:

AUFBAU EINER GEMISCHTEN ENTSCHEIDUNG:

⇨ Verurteilung vollständig (inklusive Strafzumessung)

⇨ Teilfreispruch / Teileinstellung

⇨ Kostenentscheidung

Am Ende des Urteils sind noch auf einige kleinere Formalia zu achten, deren Einhaltung gerade für einen korrigierenden Praktiker vielfach von erheblicher Bedeutung ist.

Nebenentscheidungen: Die im Tenor getroffenen Nebenentscheidungen (vgl. KK 117) sind am Ende des Urteils zu begründen.

Unterschrift: Die mitwirkenden Berufsrichter haben das Urteil zu unterschreiben, § 275 II, damit es gültig ist, ist eine Unterschrift der Schöffen nicht erforderlich.
Anschließend folgen noch in Kürze die urteilsbegründenden Beschlüsse.

Welche urteilsbegleitenden Beschlüsse gibt es, was sind ihre Voraussetzungen?

1. Fortdauer der Untersuchungshaft oder Unterbringung, § 268b

   ⇨ Freispruch / Einstellung: Haftbefehl ist aufzuheben, § 120 I S. 2

   ⇨ Verurteilung: Fortdauer der Haftgründe ist zu überprüfen, gegebenenfalls sind sie auszuwechseln, § 116 ist zu prüfen; Kenntlichmachung der Haftgründe

2. Bewährungsbeschluss, § 268a

   Aussetzung zur Bewährung ⇨ gesonderter Bewährungsbeschluss mit dem Inhalt der §§ 56a - 56d StGB im Anschluss an das Urteil

3. Entziehung der Fahrerlaubnis, § 69 StGB

   Nur wenn die Fahrerlaubnis nicht schon während des Ermittlungsverfahrens vorläufig entzogen wurde, § 111a, wird dies im Urteil nach § 69 StGB angeordnet. Dafür ist ein gesonderter Beschluss erforderlich.

Verwenden Sie auf diese Beschlüsse ein wenig Zeit und Sorgfalt, machen Sie keine Fehler – diese sind der Abschluss Ihres Urteils und machen einen gewissen Teil des Eindrucks, den der Korrektor von Ihrem Urteil behält, aus.

Anschließend prüfen Sie im Hilfsgutachten alle Punkte, die nicht zum Urteil gehören, beispielsweise Zulässigkeitsprobleme, ferner liegende Tatbestände, hilfsweise die Strafbarkeit bei einzustellenden Teilen o.ä.

Aufbau des Plädoyers

Nicht besonders häufig, aber zumindest möglich ist der Klausurtyp eines Plädoyers – des Staatsanwalts oder des Verteidigers. Zunächst ist das Plädoyer des Staatsanwalts darzustellen:

Während der Hauptverhandlung, und zwar nach dem Ende der Beweisaufnahme, erhält der Staatsanwalt das Wort, vgl. § 258 I. In seinem Plädoyer würdigt er aus seiner Sicht das Ergebnis der Hauptverhandlung und stellt seine Anträge.

Der erforderliche Inhalt ist in Nr. 138, 139 RiStBV geregelt.

Der Aufbau ist dem des Strafurteils ähnlich, insbesondere ist der Staatsanwalt zur Neutralität verpflichtet, er muss auch die für den Angeklagten günstigen Tatsachen und rechtlichen Umstände würdigen.

Sie können sich daher beim Aufbau am Strafurteil orientieren und sich auf die wenigen Besonderheiten dieses Klausurtyps konzentrieren.

Wie beginnt das Plädoyer des Staatsanwalts?

Wie ist es bei einer Verurteilung aufzubauen?

Anrede: „Hohes Gericht, Herr (Frau) Verteidiger(in)!“

Aufbau

⇨ Sachverhaltsschilderung

⇨ Beweiswürdigung

⇨ Rechtliche Würdigung

⇨ Strafzumessung

⇨ Anträge

Beachten Sie hier nochmals die Ähnlichkeit zum Strafurteil. Erschrecken Sie daher nicht, sollte dieser Klausurtyp einmal im Examen auftauchen – mit Ihren Kenntnissen zum Aufbau eines Urteils und einigen zusätzlichen Besonderheiten bekommen Sie auch diese Klausur gut in den Griff.

Im Rahmen von Sachverhaltsschilderung, Beweiswürdigung, rechtlicher Würdigung und Strafzumessung sind grundsätzlich die Ausführungen zum Strafurteil zu beachten. Allerdings handelt es sich noch nicht um das endgültige Urteil, so dass gerade bei den formellen Anforderungen einige Details zu beachten sind.

Welche Unterschiede bestehen in diesen Punkten zum Strafurteil?

HEMMER-METHODE zu ÜK 142

1. Sachverhaltsschilderung

Sie beginnt mit einer Einleitung, etwa: „Die heutige Beweisaufnahme hat den Sachverhalt, so wie er in der Anklageschrift niedergelegt ist, bestätigt.“.
Die Darstellung erfolgt wie im Urteil, Imperfekt, Augenzeugenperspektive, alle objektiven und subjektiven Merkmale, nach der Überzeugung des Staatsanwalts.

2. Beweiswürdigung

- ⇨ Geständnis bzw. anderweitige, zu widerlegende Ausführungen des Angeklagten
- ⇨ Beweiswürdigung und Beweisverwertungsverbote

3. Rechtliche Würdigung

Sie beginnt mit einem Obersatz, etwa: „Der Angeklagte hat sich aufgrund des festgestellten Sachverhalts eines Diebstahls gem. § 242 I StGB schuldig gemacht.“.
Es erfolgt eine rechtlich umfassende Würdigung im Urteilsstil.

4. Strafzumessung

Der Staatsanwalt beantragt eine konkrete Strafe und nimmt dafür dieselbe Strafzumessung vor wie das Gericht im Strafurteil (Strafrahmen, Verschiebungen, Rechtsfolge).
Angeführt werden der Strafrahmen, für und gegen den Angeklagten sprechende Umstände, das genaue Strafmaß, die Tagessatzhöhe und eine mögliche Bewährung.

Gehen Sie also wie im Strafurteil vor, außer dass Sie zwischen den verschiedenen Teilen einleitende Sätze anführen, eine direkte Rede gestalten und aus der Perspektive des Staatsanwalts schildern. Allerdings muss auch dieser von dem vorgetragenen Sachverhalt überzeugt sein.

Anschließend an die Strafzumessung folgen die Anträge des Staatsanwalts. Dieser muss konkret beantragen, welchen Inhalt das zu sprechende Urteil haben soll, außerdem verschiedene sonstige Anträge stellen. Das bedeutet also, dass sich der Staatsanwalt für eine konkrete Strafe entscheiden und sich auch Gedanken über alle anderen möglichen Nebenfolgen machen muss. Versetzen Sie sich auch hier wieder gedanklich in die Rolle des Strafrichters – bezüglich allem, worüber dieser im Urteil eine Entscheidung zu treffen hat, muss der Staatsanwalt auch einen Antrag stellen.

Welche Anträge kommen somit im Einzelnen in Betracht?

1. Hauptantrag

Antrag auf Verurteilung: Ergebnis der rechtlichen Würdigung und der Strafzumessung ist der konkrete Antrag auf Verurteilung, etwa:

„Ich beantrage daher, den Angeklagten wegen dieser Tat zu einer Geldstrafe von 40 Tagessätzen zu je 30 Euro zu verurteilen."

2. Sonstige Anträge

Immer zu stellen, wenn die Voraussetzungen der Norm vorliegen, z.B.

⇨ Antrag auf Entziehung der Fahrerlaubnis gem. § 69 StGB

⇨ Antrag auf Fahrverbot gem. § 44 StGB

⇨ Antrag hinsichtlich der Untersuchungshaft, entweder Aufhebung, Aussetzung des Vollzugs unter Auflagen oder Fortdauer, §§ 120, 116, vgl. Nr. 54 RiStBV

⇨ Antrag auf Kostenauferlegung gem. § 465 I

Nachdem Sie vollumfänglich die Anträge behandelt und begründet haben, empfiehlt es sich, am Ende des Plädoyers noch mal eine knappe Zusammenfassung der Anträge anzuführen: „Abschließend beantrage ich daher, ...".

Freispruch, Einstellung

Der Staatsanwalt ist nicht „Gegner“ des Angeklagten, sondern hat auch zu dessen Gunsten zu ermitteln und in der Hauptverhandlung zu handeln. Ergibt sich also in der Hauptverhandlung unzweifelhaft, dass der Angeklagte aus tatsächlichen oder rechtlichen Gründen freizusprechen ist, muss der Staatsanwalt dies auch beantragen. Dasselbe gilt, wenn sich ein Einstellungsgrund ergibt, etwa ein Verfahrenshindernis deutlich wird.

Dabei ist auch hier der Vorrang des Freispruchs vor der Einstellung zu berücksichtigen.

Wie ist das Plädoyer bei einem Freispruch, wie bei einer Einstellung aufzubauen?

Freispruch

1. Darstellung des Anklagevorwurfs in einem kurzen Satz.
2. Tatsächliche Feststellungen der Hauptverhandlung, die getroffen werden konnten.
3. Beweiswürdigung - bei Freispruch aus tatsächlichen Gründen, warum Anklagevorwurf mit den verwerteten und auch verwertbaren Beweisen nicht nachweisbar ist.
4. Rechtliche Bewertung - Ausführungen, warum aus rechtlichen Gründen freizusprechen ist.
5. Anträge

   ⇨ Antrag auf Freispruch (ohne Zusatz wie „aus Mangel an Beweisen" o.ä.)
   ⇨ Kosten gem. § 467 I
   ⇨ Nebenentscheidungen, insbesondere Aufhebung des Haftbefehls, § 120 I S. 2 und Entschädigung nach dem StrEG

Einstellung

1. Darstellung des Anklagevorwurfs in einem kurzen Satz.
2. Feststellung des Verfahrenshindernisses in tatsächlicher Hinsicht und dessen rechtliche Bewertung.
3. Antrag auf Einstellung.
4. Kostenentscheidung grundsätzlich gem. § 467 I, Ausnahmen: §§ 467 III S. 2 Nr. 2, 470 S. 1, 2.

Der Staatsanwalt hat hier den Angeklagten begründet zu entlasten; er muss also vollumfänglich darstellen, warum dieser seiner Meinung nach freizusprechen ist bzw. eine Einstellung zu erfolgen hat.

Teilverurteilung

Ist der Angeklagte wegen einiger materieller Taten gem. § 53 StGB (keine Unterscheidung im prozessualen Sinn gem. § 264, da durch das Plädoyer das Urteil vorbereitet werden soll!) zu verurteilen, wegen einiger freizusprechen oder das Verfahren einzustellen, liegt eine so genannte Teilverurteilung vor.

Bei Tateinheit kann nur entweder Verurteilung oder Freispruch erfolgen, möglicherweise erfolgt jedoch nur eine Verurteilung hinsichtlich einiger in der Anklage erörterter Tatbestände – dennoch erfolgt aber eine einheitliche Verurteilung.

Bei einer Teilverurteilung muss zwingend hinsichtlich der anderen Taten ein Teilfreispruch oder eine Teileinstellung erfolgen, weil der Eröffnungsbeschluss erschöpfend erledigt werden muss.

Wie ist die Teilverurteilung im Plädoyer darzustellen?

1. **Einleitung:** „Die heutige Beweisaufnahme hat den Sachverhalt, so wie er in der Anklageschrift niedergelegt ist, nur teilweise bestätigt.“

2. **Strenge Trennung zwischen Verurteilung, Freispruch und/oder Einstellung**

   ⇨ Verurteilung, vgl. KK 142 f., einschließlich Strafzumessung

   ⇨ Freispruch und / oder Einstellung

   ⇨ Zusammenfassung der Anträge

   ⇨ Kostenantrag

Die Strafzumessung erfolgt zwingend vor den freizusprechenden bzw. einzustellenden Teilen, damit nicht der Eindruck erweckt wird, dass diese in die Strafzumessung miteingeflossen sind. Deshalb empfiehlt es sich auch, am Ende des Teils zur Verurteilung schon eine konkrete Strafe vorzuschlagen und den Antrag dann ganz zum Schluss nur noch einmal zu wiederholen.

Der Klausurtyp eines Plädoyers der Verteidigung gewinnt in den letzten Jahren immer mehr an Bedeutung. Oft ist dabei die Strafzumessung erlassen – ist jedoch das Plädoyer des Staatsanwalts mit einzelnen Strafzumessungsgesichtspunkten abgedruckt, muss der Verteidiger die einzelnen Argumente aufgreifen und ihnen eventuell entgegentreten. Dasselbe gilt, wenn die Strafzumessung im Bearbeitervermerk nicht ausdrücklich erlassen wurde.

Da in der Regel in der Klausur nicht das Plädoyer des Staatsanwalts mit abgedruckt sein wird, kann man seinen Aufbau nicht allein daran orientieren, sondern muss sich einen eigenen strukturierten Aufbau erarbeiten.

Grundsätzlich kann dabei die Gliederung des Plädoyers des Staatsanwalts herangezogen werden – allerdings ist zu berücksichtigen, dass der Verteidiger nicht neutral, sondern Vertreter der Interessen seines Mandanten ist. Diese Position im Verfahren hat auch Auswirkungen auf den Aufbau.

Wie ist das Plädoyer der Verteidigung aufzubauen?

Eigene Vorüberlegungen: Freispruch vor Einstellung vor milderem Urteil (Ist Freispruch oder Einstellung nicht sicher ⇨ ggf. Hilfsanträge)
Nur das für den Mandanten Günstige wird im Plädoyer erwähnt, alles andere im Hilfsgutachten bearbeitet (Bsp.: Die rechtliche Würdigung führt zwar zur Ablehnung des angeklagten Straftatbestands, aber zur Bejahung eines anderen - nur ersteres kommt ins Plädoyer!)

Daraus folgt folgender Aufbau:

Freispruch	Einstellung	Verurteilung
1. Darstellung des Anklagevorwurfs 2. Feststellung des Sachverhalts 3. Erörterung der tatsächlichen oder rechtlichen Gründe	1. Darstellung der tatsächlichen Umstände für die Einstellung 2. Rechtliche Würdigung des Verfahrenshindernisses	Bearbeitung der günstigen Strafzumessungsgesichtspunkte

2. Nicht zu erwähnen:

- ⇨ **Beweisbarkeit**
- ⇨ **Strafbarkeit**

3. Am Ende sind die jeweiligen Anträge zu stellen, dabei gilt Vorrang des Freispruchs, Antrag auf mildere Strafe hilfsweise. Grundsätzlich sind die Ausführungen, die einen Freispruch rechtfertigen, zuerst anzustellen, und erst dann hilfsweise auf die Strafzumessung und Rechtfertigung einer milden Strafe einzugehen (psychologisch günstiger, das Positive voranzustellen).
Bei „gemischten Anträgen" gilt dasselbe, es ist mit der Tat anzufangen, wegen der ein Freispruch in Betracht kommt, um eine gute psychologische Situation für das Plädoyer zu schaffen.

Achten Sie beim Plädoyer der Verteidigung genau darauf, was Sie besser im Hilfsgutachten darstellen – schaden Sie auf keinem Fall Ihrem Mandanten mit für ihn negativen Ausführungen!

Auch im Strafrecht gewinnen Anwaltsklausuren mehr und mehr an Bedeutung. Noch ist es zwar wahrscheinlicher, dass den Klausurbearbeiter eine Abschlussverfügung, ein Strafurteil oder eine Revisionsklausur erwartet, aber es gibt auch in diesem Bereich Bestrebungen, das Examen mehr auf die Praxis der meisten Absolventen auszurichten.

Daher muss man im Examen mit einer dieser ungewöhnlicheren Klausurvarianten zumindest rechnen und sich in der Vorbereitung schon einmal damit beschäftigt haben. Diese Klausuren unterscheiden sich nur durch den besonderen Aufhänger, auch hier liegen die meisten Probleme im materiellen Teil, aber man sollte in der Lage sein, eine Anwaltsklausur zutreffend aufzubauen.

Welche Klausuren aus Anwaltssicht können im Strafrecht in Betracht kommen?

1. Revisionsbegründungsschrift, vgl. KK 105-108
2. Plädoyer des Verteidigers, vgl. KK 146
3. Einspruch gegen den Strafbefehl, vgl. KK 148 ff.
4. Rechtsbehelfe in Haftsachen, vgl. KK 152 ff.

Dieses sind die wahrscheinlichsten Varianten. Sollte einmal eine andere Anwaltsklausur Examensgegenstand sein, können Sie davon ausgehen, dass von Ihnen keine Detailkenntnisse verlangt werden. Versuchen Sie dann, die Klausur mit Gesetzeslektüre und dem Erarbeiten eines strukturierten Aufbaus zu lösen.

Das Strafbefehlsverfahren taucht im Examen wohl am häufigsten in der Einspruchsvariante auf, da so die meisten Probleme abgeprüft werden können. Der Erlass eines Strafbefehls statt einer Anklage kann zwar auch einmal als Klausuraufgabe gestellt werden, da so Probleme der Anklage wie auch Probleme der Strafzumessung geprüft werden können. Allerdings ist dann die materielle Seite meist unproblematisch was die Examensrelevanz vermindert.

Bei dem Einspruch gegen den Strafbefehl können dagegen interessantere materielle Probleme eingebaut und auch einige spezielle prozessrechtliche Fragen geprüft werden.

Für alle hier in Betracht kommenden Varianten gilt es, sich zunächst einen Überblick über den Ablauf und Sinn und Zweck des Strafbefehlsverfahrens zu verschaffen.

Wie ist der Ablauf des Strafbefehlsverfahrens?

1. Strafbefehl statt Anklage bei Vorliegen der Voraussetzungen des § 407: Vergehen, schriftlicher Antrag der Staatsanwaltschaft, Rechtsfolge aus dem Katalog des § 407 II
2. Sachliche Zuständigkeit des Strafrichters oder Schöffengerichts, § 407 I S. 1 i.V.m. §§ 25, 28 GVG
3. Entscheidung über den Strafbefehl durch den Richter

   ⇨ zwingender Erlass, wenn die Prozessvoraussetzungen vorliegen, er in Schuld- und Rechtsfolgenausspruch mit dem Antrag der StA übereinstimmt und hinreichender Tatverdacht gegeben ist, § 408 III S. 1

   ⇨ Ablehnung des Antrags, wenn eine der Voraussetzungen nicht vorliegt, § 408 II - diese Ablehnung steht dem Beschluss nach § 204 gleich, so dass sofortige Beschwerde durch die StA möglich, §§ 210 II, 311

4. Inhalt des § 409 I (im Wesentlichen entsprechend der Anklageschrift)
5. Zustellung des Strafbefehls gem. § 410 I S. 1 (Art und Adressat gem. gerichtlicher Anordnung)

   Zustellung gem. § 37 I und den Vorschriften der ZPO, auch Ersatzzustellung, § 37 I i.V.m. §§ 177 ff. ZPO oder öffentliche Zustellung, § 40; falls Verteidigung des Angeklagten durch gewählten Verteidiger, Zustellung gem. § 145a (reine Ordnungsvorschrift); bei Zustellung an Angeklagten und Verteidiger ist § 37 II zu beachten

Lesen Sie die §§ 407 ff. einmal in Ruhe durch, um sich mit dem Verfahren des Strafbefehls vertraut zu machen. Sinn und Zweck des Strafbefehlsverfahrens ist die Prozessbeschleunigung und Vereinfachung bei unbedeutenderen Delikten, wegen denen nicht jedes Mal eine finanziell und zeitlich aufwendige Hauptverhandlung durchgeführt werden soll.

Der Angeklagte kann gegen den Strafbefehl innerhalb von zwei Wochen nach Zustellung Einspruch einlegen, § 410 I S. 1. Dieser Einspruch führt - wenn er zulässig ist - zur Anberaumung der Hauptverhandlung vor dem Richter, der den Strafbefehl erlassen hat, und es findet eine vom Strafbefehl völlig unabhängige Verhandlung statt - auch das Urteil ergeht völlig neu, so dass etwa das Verbot einer reformatio in peius nicht gilt, vgl. § 411 IV.

Somit ist beim Einspruch gegen den Strafbefehl allein die Zulässigkeit zu prüfen; wenn diese gegeben ist, geht das Verfahren in die Hauptverhandlung über.

Wann ist ein Einspruch gegen den Strafbefehl zulässig?

HEMMER-METHODE zu ÜK 149

1. **Statthaftigkeit:** Einspruch gegen einen Strafbefehl, § 410 I S. 1
2. **Form:** bei dem Gericht, das den Strafbefehl erlassen hat, schriftlich oder zu Protokoll der Geschäftsstelle, § 410 I S. 1
3. **Frist:** zwei Wochen ab Zustellung, § 410 I S. 1

   <u>Fristbeginn:</u> mit Zustellung, hier lassen sich in der Klausur Zustellungsprobleme einbauen
   <u>Fristende:</u> Ablauf von zwei Wochen (vgl. § 43)

   Ausnahme: Wiedereinsetzung, § 44; Voraussetzung: zulässiger und begründeter Antrag

   (1) Zulässigkeit der Wiedereinsetzung

   - ⇨ Antrag, außer im Fall des § 45 II S. 3
   - ⇨ Statthaftigkeit: bei Fristversäumung oder nicht formgerechter Einspruchseinlegung innerhalb der Frist
   - ⇨ Glaubhaftmachung der begründenden Tatsachen, § 45 II S. 1
   - ⇨ Frist: eine Woche ab Wegfall des Hindernisses, § 45 I S. 1 (Achtung: Wiedereinsetzung in Wiedereinsetzung möglich!)

   (2) Begründetheit (+), wenn Fristversäumung unverschuldet, vgl. § 44. Maßgeblich ist nur das eigene Verschulden des Beschuldigten (Fallgestaltungen: vorübergehende Abwesenheit, Verteidigerverschulden, Verschulden des Gerichts oder der Post, vgl. M-G/S § 44 Rn. 14 ff.)

Die Wiedereinsetzung taucht hier typischerweise auf, kann aber auch bei allen anderen Fristen, vor allem bei Rechtsmitteln wie der Revision, geprüft werden. Beachten Sie insbesondere Fragen der Glaubhaftmachung und lesen Sie sich im Kommentar die typischen Fallgestaltungen durch.

Ein Einspruch kann grundsätzlich, wie jedes andere Rechtsmittel auch, unbeschränkt, d.h. gegen den gesamten Strafbefehl eingelegt werden. Allerdings muss der Angeklagte bzw. sein Verteidiger beachten, dass das Verbot der reformatio in peius im Gegensatz zur Berufung und zur Revision (vgl. §§ 331, 358 II) hier nicht gilt (§ 411 IV). Das bringt aus Verteidigersicht die Gefahr mit sich, dass der Angeklagte wegen schwereren Straftatbeständen schuldig gesprochen oder härter bestraft wird. Somit muss es das Ziel der Verteidigung sein die Teile des Strafbefehls, die für den Angeklagten günstig sind bzw. bei denen er „gut weggekommen" ist, aufrecht zu erhalten.

Dies ist möglich durch eine Beschränkung des Einspruchs gegen den Strafbefehl, die hier wie auch bei den Rechtsmitteln gegen Urteile (vgl. §§ 318, 344 I) möglich ist.

Wie kann eine Beschränkung durchgeführt werden und welche Rechtsfolgen hat sie?

1. Voraussetzungen der Einspruchsbeschränkung

- ⇨ Beschränkung muss sich auf Punkte beziehen, die nach ihrem inneren Zusammenhang vom Rest des Strafbefehls selbständig beurteilt werden können, ohne eine Prüfung des Strafbefehls im Übrigen erforderlich zu machen (Trennbarkeitsformel)
- ⇨ Bei mehreren prozessualen Taten i.S.d. § 264 ist eine Beschränkung auf eine von ihnen möglich, auch wenn eine Gesamtstrafe gebildet wurde
- ⇨ Bei einer prozessualen Tat, jedoch mehreren materiellen Taten gem. § 53 StGB ist auch eine Beschränkung auf eine dieser Taten möglich (str., vgl. M-G/S § 260 Rn. 13, § 318 Rn. 10)
- ⇨ Beschränkung auf den Rechtsfolgenausspruch, wenn nur die Strafzumessung fehlerhaft ist – auch innerhalb dieses Ausspruchs sind Beschränkungen möglich (Zahl oder Höhe der Tagessätze)
- ⇨ Dauer: Bis zur Verkündung des Urteils im ersten Rechtszug möglich, § 411 III S. 1

2. Rechtsfolge der Einspruchsbeschränkung

- ⇨ Wirksame Beschränkung: Rechtskraft hinsichtlich der nicht angegriffenen Teile, § 410 III, Wiederaufnahme nur noch unter den Voraussetzungen des § 373a
- ⇨ Unwirksame Beschränkung: Einspruch gilt als in vollem Umfang eingelegt

> Die Einspruchsbeschränkung ist etwas, an das der Klausurbearbeiter von selbst denken muss, wenn er ein Einspruchsschreiben zu entwerfen hat, insbesondere wenn ein Teil des Strafbefehls für den Mandanten günstig ist.

In der Klausur ist regelmäßig vom Bearbeiter ein anwaltliches Einspruchsschreiben an das Gericht zu entwerfen und darüber hinaus ein Hilfsgutachten anzufertigen. Lesen Sie (wie immer!) genau den Bearbeitervermerk.

Wie ist das Einspruchsschreiben zu verfassen?

HEMMER-METHODE zu ÜK 151

1. „Kopf“: Anschrift des Anwalts und des Gerichts, Datum und Aktenzeichen
2. Einspruchseinlegung, ggf. Beschränkung deutlich machen
3. Ggf. Antrag auf Wiedereinsetzung bei Fristversäumung
4. Regelmäßig Eingehen auf materielle Rechtslage
5. Stellung eines konkreten Antrags
6. Bei Beschränkung: Klarstellung und Darlegung der Konsequenzen

Bei einem unzulässigen Einspruch wird dieser in der Regel durch Beschluss ohne Hauptverhandlung verworfen. Wird versehentlich Hauptverhandlung anberaumt, kann auch noch in der Verhandlung verworfen werden. Bleibt der Angeklagte der Hauptverhandlung fern, ist nach § 412 i.V.m. § 329 I durch Urteil zu verwerfen. Dagegen ist Berufung und Revision zulässig, auch Wiedereinsetzung kann beantragt werden, § 412 i.V.m. § 329 III. Beachten Sie in diesem Zusammenhang auch die Regelungen der §§ 315, 342.

Allgemeiner Hinweis: Gut denkbar ist, dass auch der Einfluss der EMRK auf das nationale Recht Eingang in anspruchsvolle Klausuren findet. Instruktives Beispiel hierzu ist die Frage, ob es mit Art. 6 III lit. c) EMRK vereinbar ist, dass gem. § 329 I S. 1 bei nicht genügend entschuldigtem Ausbleiben des Angeklagten die Berufung ohne Verhandlung zur Sache zu verwerfen ist. Ausführlich hierzu – in Auseinandersetzung mit OLG München, Beschl. v. 17.01.2013 – 4 St RR (A) 18/12 = Life&LAW 08/2013, 618 ff.

Eine Klausur zu Rechtsbehelfen in Haftsachen kann als Gutachten, aber auch als Anwaltsschriftsatz auftauchen. Als Rechtsbehelfe gegen einen Haftbefehl kommen in Betracht:

- Antrag auf Haftprüfung, § 117 I
- Haftbeschwerde, § 304 I

Wichtig ist, dass der Antrag auf Haftprüfung, sobald er gestellt und solange er anhängig ist, Vorrang vor der Haftbeschwerde hat, § 117 II S. 1. Das führt dazu, dass eine gleichzeitig eingelegte Beschwerde unzulässig ist. Erst gegen die Entscheidung über den Haftprüfungsantrag kann dann wieder Beschwerde eingelegt werden.

Wann ist ein Antrag auf Haftprüfung gem. § 117 zulässig und begründet?

1. Zulässigkeit

a) Antragsberechtigung: Inhaftierter (§ 117) und Verteidiger (§§ 118b, 297), nicht aber Staatsanwalt oder Nebenkläger

b) Form: nicht erforderlich, die Einlegung muss bei dem zuständigen Gericht (vor Anklageerhebung: Ermittlungsrichter, danach: mit der Sache befasstes Gericht, § 126, oder auch bei dem Gericht, in dessen Bezirk Haftanstalt liegt, §§ 118b, 299 I) erfolgen

c) Sonstiges:

- ⇨ Fristen sind nicht einzuhalten
- ⇨ Rücknahme durch Verteidiger nur mit besonderer Vollmacht möglich, §§ 118b, 302 II
- ⇨ Auf Antrag mündliche Verhandlung, § 118 I, Ausnahme: § 118 III, IV

2. Begründetheit: Aufhebung nach § 120 oder Aussetzung des Vollzugs nach § 116

Der Haftrichter kann Tatvorwurf oder Haftgründe auswechseln, neue Taten nur auf Antrag der StA einbeziehen; die Entscheidung ergeht durch Beschluss mit Gründen, § 34

a) Aufhebung nach § 120: Voraussetzungen der Untersuchungshaft liegen nicht mehr vor, § 112 (vgl. KK 153), oder die Haft ist unverhältnismäßig

b) Aussetzung des Vollzugs nach § 116: Aussetzung, wenn weniger einschneidende Maßnahmen in Betracht kommen (Verhältnismäßigkeitsgrundsatz)

Bei der Haftprüfung ist also nicht nur der ursprüngliche Haftbefehl zu überprüfen, sondern auch, ob die Haft derzeit aus anderen Haftgründen als ursprünglich angegeben gerechtfertigt ist. Da der entscheidende Richter jedoch an die ermittelten Taten des Staatsanwalts gebunden ist, darf er den Tatverdacht nicht auf andere Taten erweitern.

Sowohl i.R.d. Haftprüfung als auch i.R.d. Haftbeschwerde spielen die Voraussetzungen für den Erlass eines Haftbefehls eine Rolle. Diese sind in §§ 112 ff. geregelt.

Was sind die Voraussetzungen für einen Haftbefehl?

1. **Dringender Tatverdacht, § 112 I S. 1**

   Ein dringender Tatverdacht liegt vor, wenn nach dem gegenwärtigen Stand der Ermittlungen die Wahrscheinlichkeit groß ist, dass der Beschuldigte eine Straftat begangen hat, d.h.:

   ⇨ graduell stärkerer Verdacht als hinreichender Tatverdacht i.S.d. §§ 203, 170 I
   ⇨ keine abgeschlossenen Ermittlungen nötig, vorläufiges Ergebnis ausreichend
   ⇨ Rechtsfragen dürfen im Gegensatz zu tatsächlichen nicht offengelassen werden
   ⇨ Prüfung der Beweislage (Beweisverwertungsverbote beachten!) und des materiellen Strafrechts

2. **Haftgrund:** Es muss einer der Haftgründe des § 112 II gegeben sein.

   a) Flucht, § 112 II Nr. 1: nur solange der Angeklagte tatsächlich auf der Flucht ist
   b) Fluchtgefahr, § 112 II Nr. 2: (+), wenn es nach Würdigung der Umstände des Falles wahrscheinlicher ist, dass sich Beschuldigter dem Strafverfahren entzieht, als dass er sich ihm zur Verfügung halten wird (Abwägung aller Indizien)
   c) Verdunklungsgefahr, § 112 II Nr. 3: (+), wenn dringender Verdacht besteht, dass Beschuldigter durch Einwirkung auf Beweismittel die Ermittlung der Wahrheit prozessordnungswidrig erschwert – dieser Haftgrund besteht keinesfalls mehr, wenn der Sachverhalt vollumfänglich aufgeklärt ist (z.B. rechtmäßige richterliche Zeugenprotokolle)

3. **Keine Unverhältnismäßigkeit:** Wenn die Unverhältnismäßigkeit feststeht, ist der Haftbefehl nicht zu erlassen – Abwägung zwischen Schwere des Eingriffs und Bedeutung des Vorwurfs

4. **§ 112 III:** Diese Norm ist verfassungskonform auszulegen, vgl. M-G/S § 112, Rn. 36 ff.

Diese Voraussetzungen sind bei der Haftprüfung zum Zeitpunkt der Entscheidung, bei der Beschwerde zum Zeitpunkt des Erlasses des Haftbefehls zu prüfen.

Anstelle der Haftprüfung ist auch die Einlegung einer Haftbeschwerde möglich. Der Vorteil ist, dass darüber das übergeordnete Gericht entscheidet, §§ 73, 121 I Nr. 2 GVG, und nicht der Richter, der den Haftbefehl erlassen hat. Haben sich seit dem Haftbefehl also keine neuen Tatsachen ergeben, sondern ist man nur von dessen Rechtswidrigkeit überzeugt, ist die Haftbeschwerde in der Regel die sinnvollere Alternative.

Die Einlegung erfolgt durch Schriftsatz des Angeklagten bzw. Verteidigers. Bevor man einen solchen Schriftsatz verfasst, muss man jedoch prüfen, ob die eingelegte Haftbeschwerde zulässig und begründet wäre.

Wann ist eine Haftbeschwerde zulässig und begründet?

1. Zulässigkeit
   a) Statthaftigkeit: gegen den Haftbefehl gem. § 304 I; § 305 S. 1 gilt nicht, vgl. S. 2
   b) Berechtigung: Beschuldigter, Verteidiger und die Staatsanwaltschaft, §§ 296 f.
   c) Form: schriftlich oder zu Protokoll der Geschäftsstelle beim iudex a quo (= das Gericht, das den Haftbefehl erlassen hat), § 306 I
   d) Sonstiges:
      - ⇨ Keine Frist
      - ⇨ Subsidiarität gegenüber beantragter Haftprüfung, § 117 II S. 1 (unschädlich, wenn diese vorher wirksam zurückgenommen wurde, vgl. § 302 II)
   e) Übergang der Zuständigkeit nach Einlegung:

      Fallgestaltung: Haftbefehl durch Amtsrichter, Haftbeschwerde beim Landgericht, anschließend Anklage zum Landgericht ⇨ doppelte Zuständigkeit für Haftprüfung und Haftbeschwerde, § 126 II S. 1 i.V.m. § 73 I GVG
      Rechtsfolge: Umdeutung der Beschwerde in einen Antrag auf Haftprüfung, erst gegen dessen Ablehnung ist dann Beschwerde möglich (kein Verlust einer Instanz!)
2. Begründetheit
   Hier ist, da es um eine Beschwerde gegen eine erlassene Entscheidung und nicht um eine Prüfung des derzeitigen Zustands geht, zu prüfen, ob der Haftbefehl rechtmäßig war - das bedeutet, nur der dort angenommene Tatverdacht und Haftgrund sind zu prüfen, und zwar aufgrund der zu diesem Zeitpunkt zugrunde gelegten Umstände - ein Auswechseln ist nicht möglich, § 309 II.

Über die Haftbeschwerde ergeht in der Regel eine Entscheidung nach Aktenlage. Kommt der Klausurbearbeiter zum Ergebnis, dass die Haftbeschwerde zulässig und begründet wäre, hat er sie mit Schriftsatz beim iudex a quo einzulegen. Der Aufbau ähnelt der Haftprüfung. Es ist in der Darstellung der Begründetheit nur auf die Rechtmäßigkeit des Haftbefehls abzustellen.

Im Rahmen der Haft gibt es einige Sonderfälle. Hier genügt es in aller Regel, wenn Sie diese schon einmal gehört haben, im Gesetz finden und mit dem Gesetzestext arbeiten können. Auch hier ist nur der richtige Einstieg in die materielle Prüfung (Tatverdacht) zu finden und die Formalia sorgfältig und mit exakter Gesetzeslektüre zu lösen.

Welche Sonderfälle der Haft gibt es?

1. Hauptverhandlungshaft, § 127b: Nur bei beschleunigtem Verfahren möglich, Haftgrund ist die Befürchtung des Fernbleibens aufgrund bestimmter Tatsachen, möglich für die Dauer der Verhandlung.
2. Sicherungshaftbefehl, § 453c: Bei drohendem Widerruf der Strafaussetzung der Bewährung. Hier besteht neben Flucht und Fluchtgefahr der Haftgrund der Wiederholungsgefahr. Nach h.M. gibt es keine Haftprüfung, sondern nur die Möglichkeit der Beschwerde, da § 453c II S. 2 nicht auf §§ 117, 118 verweist.
3. Vollstreckungshaft, § 457 II: Meldet sich der Verurteilte nicht auf die Ladung zum Antritt seiner Freiheitsstrafe oder besteht Fluchtverdacht, kann zur Vollstreckung Vorführungs- oder Haftbefehl erlassen werden. In der StPO selbst keine Rechtsbehelfe ⇨ Beschwerde nach § 21 StVollstrO, danach §§ 23 ff. EGGVG.
4. Ungehorsamshaft, §§ 230 II, 236, 329 IV S. 1: Für die nach diesen Vorschriften (lesen!) mögliche Ungehorsamshaft fehlt es an einer Verfahrensregelung, so dass die §§ 112 ff. entsprechend anzuwenden sind.
5. Einstweilige Unterbringung, § 126a: Eine Untersuchungshaft kommt hier nicht in Betracht, da wegen der Schuldunfähigkeit eine Verurteilung unwahrscheinlich ist. Diese Haft dient nicht der Verfahrenssicherung, sondern dem Schutz der Allgemeinheit vor gemeingefährlichen Rechtsbrechern.
6. Sicherungshaft, § 112a: Präventiv-polizeiliche Haft zum Schutz der Allgemeinheit vor weiteren erheblichen Straftaten, subsidiär zu § 112, diese Haft ist auch aufgrund des Präventionszwecks mit dem GG vereinbar.
7. Organisationshaft: Dies ist die Haft zwischen Beendigung der U-Haft und Aufnahme in den Maßregelvollzug und wird vom BVerfG trotz fehlender gesetzlicher Regelung nicht als verfassungswidrig angesehen, solange sie dem Angeklagten nicht zum Nachteil gereicht.

Lernen Sie hier nicht zu viele Details auswendig. Die Lektüre des Gesetzes müsste zum Bewältigen denkbarer Klausurprobleme ausreichen.

Natürlich können in diesen Überblickskarteikarten nicht alle relevanten Strafrechtsprobleme für das Zweite Staatsexamen detailliert und umfassend behandelt werden. Erfahrungsgemäß aber bleibt den wenigsten Referendaren die Zeit, sich neben den Stationsaufgaben und dem Wiederholen des materiellen Rechts mit allen Details des Prozessrechts zu befassen. Es ist nicht sinnvoll, ausführliche Lehrbücher auswendig zu lernen und Detailwissen anzuhäufen. Stattdessen sollte man Zeit investieren, um die Strukturen zu erfassen und immer wiederkehrende Probleme bearbeiten zu können. Auch sollte viel Zeit mit dem Bearbeiten von Fällen und Klausuren verbracht werden, da man hier das erlernt, was im Examen erwartet wird - unter Zeitdruck auch Unbekanntes lösen zu können, in die bekannten formalen Strukturen sicher einzubauen und klare und praxisgerechte Formulierungen zu verwenden.

Wie bereiten Sie sich also sinnvoll auf den strafrechtlichen Teil des Zweiten Staatsexamens vor?

Die Vorbereitung ist wegen der Zeitknappheit eine Frage der richtigen Gewichtung:

1. Materielles Recht: Hieran entscheidet sich die Qualität Ihrer Klausur, denn das materielle Recht bleibt in aller Regel die Hauptproblematik der strafrechtlichen Klausuren.
2 Formalia: Es geht dabei vor allem darum, diese sicher zu beherrschen und dabei nicht allzu viel Zeit zu verlieren. Am besten gelingt dies durch ständiges Klausuren-Training.
3. Prozessrecht: Verschaffen Sie sich hier – durch die Karteikarten oder das Skript – zunächst einen Überblick, damit Sie die Details immer in die richtigen Strukturen einordnen und sich so besser merken können. Erarbeiten Sie sich erst dann die Probleme, die immer wieder in Klausuren auftauchen und daher als bekannt erwartet werden.
4. Klausuren-Schreiben: Üben Sie das Gelernte immer wieder durch Training. Lernen Sie dabei, auch Unbekanntes mit Hilfe des Gesetzes und des Kommentars zu lösen – denn es ist wahrscheinlich, dass Sie im Examen nicht jedes Problem kennen werden. Dann gilt es, nicht in Panik zu geraten und durch juristisches und strukturiertes Denken mit Unbekanntem umgehen zu können.
5. Zeitmanagement: Schreiben Sie die Klausuren unter Examensbedingungen, denn gerade im Strafrecht ist im Examen das Hauptproblem, in der begrenzten Zeit fertig zu werden. Strafrecht ist in der Regel eine Häufung vieler kleiner Probleme, die Sie in den Griff bekommen müssen, um am Ende eine praxisgerechte Arbeit abliefern zu können.

Wenn Sie beim Lernen einigermaßen effizient vorgehen, ist das Strafrecht sehr gut zu bewältigen. Es gibt hier eine durchaus begrenzte Anzahl möglicher Klausurtypen und regelmäßig auftauchender Probleme. Das materielle Recht ist überschaubar und zumeist mit guter Argumentation lösbar.

Wir wünschen Ihnen für das Examen viel Erfolg!

Notizen

A

B

D

E

F

G

H

Stichwortverzeichnis